本书获得教育部人文社会科学研究一般项目"MOOC-
式变革研究"（15YJC880008）、江西省高等学校
目"'互联网+'背景下高等教学范式的变革与实践研究
资助

中国高等教育教学模式研究

RESEARCH ON THE REFORM OF HIGHER EDUCATION AND TEACHING MODE IN CHINA

——基于 MOOC 视角

— BASED ON THE PERSPECTIVE OF MOOC

陈晓刚　蓝春娣 ◎ 著

经济管理出版社

ECONOMY & MANAGEMENT PUBLISHING HOUSE

图书在版编目（CIP）数据

中国高等教育教学模式研究：基于 MOOC 视角/陈晓刚，蓝春娣著 . —北京：经济管理出版社，2021.2

ISBN 978 - 7 - 5096 - 7777 - 3

Ⅰ.①中…　Ⅱ.①陈…②蓝…　Ⅲ.①高等教育—教育模式—研究—中国　Ⅳ.①G649.2

中国版本图书馆 CIP 数据核字（2021）第 031082 号

组稿编辑：杜　菲
责任编辑：杜　菲
责任印制：黄章平
责任校对：陈　颖

出版发行：经济管理出版社
　　　　　（北京市海淀区北蜂窝 8 号中雅大厦 A 座 11 层　100038）
网　　址：www. E - mp. com. cn
电　　话：（010）51915602
印　　刷：唐山昊达印刷有限公司
经　　销：新华书店
开　　本：720mm×1000mm/16
印　　张：11. 75
字　　数：202 千字
版　　次：2021 年 2 月第 1 版　　2021 年 2 月第 1 次印刷
书　　号：ISBN 978 - 7 - 5096 - 7777 - 3
定　　价：78. 00 元

前　言

随着互联网信息技术在教育领域的广泛应用和蓬勃发展，MOOC 这一新型网络在线教育教学模式在国内备受关注和推广，MOOC 能够充分利用信息化和大数据的技术优势，在提升教学质量和教学公平、满足学生多元化学习途径、完善高校教育教学模式和增强管理效益等方面都发挥了重要作用，是推动中国高等教育教学模式改革的必然趋势，是实现中国高等教育创新的重要途径。虽然 MOOC 资源丰富、便于搜索、易于传播、应用范围广泛等特点弥补了传统高校教学模式的一些不足之处，但 MOOC 的广泛应用和发展势必导致传统高校教学模式在新时代遭受强烈冲击，并且 MOOC 在国内的发展起步较晚且仍存在着许多问题。而我国关于 MOOC 的研究刚刚起步，MOOC 对高校的冲击，以及对传统教育模式的影响也刚刚开始，因此，结合我国教育的现状，多角度全方位探析 MOOC 发展的内在规律和影响要素，对 MOOC 发展进行深入研究，能够大力推动和完善中国高等教育教学模式的发展与创新。

本书基于 MOOC 视角，结合当前国内高等教育发展现状，探讨我国高等教育教学模式改革路径。首先，分析和归纳了 MOOC 对于中国高等教育发展的重要影响，系统论述了 MOOC 在中国高等教育教学中应用的必要性与可能性。其次，深入分析了 MOOC 应用在我国高等教育中的优势与劣势，以及给中国高等教育发展带来的机遇与挑战，提出了在 MOOC 的冲击下高等教育教师的应对策略。最后，结合了国内外 MOOC 教育实例，通过探析 MOOC 与高等教育教师、MOOC 与高等教育学生的互动模式，深化了我国高校学生学习方式多元化研究，对我国高等教育管理方式变革的探索与实践进行详细研究，并提出了我国高等教育管理体制变革的策略，为大力推动中国高等教育教学模式创新发展提供了坚实有力的理论基础和实践指导。

全书共分为七大部分，主要从绪论、国内外研究述评与理论基础、MOOC 在中国高等教育教学中应用的 SWOT 分析、MOOC 与高等教育教师、MOOC 与高等教育学生、MOOC 与中国高等教育管理研究、结论与展望方面进行论述。具体内容：第一章，绪论。本章主要以国内高等教育发展概况和国内高等教育现状为研究背景，阐述了 MOOC 相关概念、特点、本质以及研究的主要内容。第二章，国内外研究述评与理论基础。本章主要通过从多角度归纳和总结 MOOC 的国内外相关研究述评，系统分析与梳理了 MOOC 相关的发展研究现状和研究要点，并详细阐述了 MOOC 学习的理论基础，共分为 MOOC 发展理论渊源和 MOOC 设计理论两大部分。第三章，MOOC 在中国高等教育教学中应用的 SWOT 分析。本章主要对 MOOC 在中国高等教育教学中的应用进行了 SWOT 分析，全面、系统梳理了 MOOC 在信息技术创新、教育技术创新、课程教学、教学模式、高等教育等各方面的优势，以及 MOOC 在我国面临的问题、MOOC 在实际运作当中面临的问题、教师对 MOOC 的质疑、MOOC 对传统高等教育带来阻碍等劣势，并深入解析了 MOOC 在教师和学生、教育资源、高等教育模式、高等教育国际化等方面的机遇，以及在基础建设、深化拓展、普通高校和高校老师等各方面面临的挑战，最终根据结论制定出了相应的发展战略、计划，提出了MOOC 的发展对策。第四章，MOOC 与高等教育教师。本章重点从高等教育教师的角度对 MOOC 进行分析和探讨，首先阐述了高等教育教师在MOOC 建设中的地位和作用，其次归纳和总结了高校教师的基本素质，并对高校教师教学方法现状进行了系统分析，最终提出了面对 MOOC 高校教师的教学模式的应对策略。第五章，MOOC 与高等教育学生。本章重点从高等教育学生的角度对 MOOC 进行分析和探讨，首先阐述了中国高等教育学生学习环境需求，其次归纳和总结了高校学生学习的影响因素，并且对高校学生学习模式进行了系统分析，最终提出了面对 MOOC 高校学生的应对策略。第六章，MOOC 与中国高等教育管理。本章重点从 MOOC 与中国高等教育管理角度展开研究，首先分析了我国高等教育管理现状，其次论述了国外高等教育管理体制的变革的主要方向，最终详细提出了对于我国高等教育管理体制变革的策略，并归纳和总结了 MOOC 对完善我国高等教育管理体制的价值启示。第七章，结论与展望。本章重点归纳和总结了 MOOC 与中国高等教育教学模式变革研究的重要结论，提出了我国高等教育传统教学模式具备变革的必要性和可行性，以及面对 MOOC 的冲击，高校教师应该通过更新课程教学内容和设计，积极应对传统教学模式的变革，MOOC 对我国高校学生学习方式产生了巨大的影响，最终提出了我国高等院校教育管理者应该采取积极的应对措施和对高校教育教学模式在未来的变革与发展的积极展望。

MOOC 作为中国高等教育教学模式变革的重要发展趋势，给高等教育带来了巨大的冲击和影响，本书对于 MOOC 的发展历程、理论基础、本质特点、影响因素以及对中国高校教育教学模式变革的作用与影响进行了多角度的探索与分析，旨在为中国高校课堂教学的实践、发展创新和研究提供坚实有力的理论参考，能够有效提升学生自主学习的能动性，拓展高校学生获取专业知识渠道的多元化。基于中国高等教育教学发展的实际情况，为中国高等教育教学模式的变革、优化和升级提供全新思路与对策，最终使我国的高等教育能够在与时俱进中保持先进性，不断培养出社会需要的高素质人才，更好地为建设中国特色社会主义伟大事业服务。

目　录

第一章

绪　论

一、研究背景

（一）国内高等教育发展概况

1985 年，《关于教育体制改革的决定》中提出变革高等院校的招生制度，提升高等院校的办学自主权；1993 年，《中国教育改革和发展纲要》提出逐渐建设政府对教育领域的宏观调控作用，实行高等院校的自主办学体系；1998 年，教育部颁布《面向 21 世纪教育振兴行动计划》，提出到2000 年全面普及九年义务教育，大力推进素质教育，到 2010 年全国受教育规模达到 11% 左右的建设目标，并决定施行"高层次创造性人才工程"，加快推进"211 工程"，实施"跨世纪素质教育工程及园丁工程"以提高全民素质及教师队伍水平；1999 年，《关于深化教育改革，全面推进素质教育的决定》明确了教育体制结构变革的方向，并通过多种形式如扩大高等教育领域来发展高等教育；2010 年，《国家中长期教育改革和发展规划纲要（2010—2020 年）》提出到 2020 年全国高等院校的入学率达到

40％的目标，并强调提升人才质量培养、建立高等院校分类体系及管理策略，加快建设"双一流"高校；2014 年，《关于深化考试招生制度改革的实施意见》提出以建成特色的现代化考试招生制度为目标，构成分类考核、综合评估、多项录取条件的考试招生形式。

2017 年，《关于高等教育领域放管服的若干意见》提出：强化高等教育改革，进一步提升高等院校的办学自主权，正式开启高等教育的"双一流"建设；健全增进高等教育内在发展的体系机制，确定高等院校的办学自主权，制定高等学校的分类标准，统筹推进"双一流"院校建设。高等教育改革相关文件的颁发与落实能够有效改变当前我国高等教育发展相较于西方国家的落后局面，抛弃过时且不当的管理理念，实现高等教育从政府统一管理到分类自主办学的伟大变革，是保证我国高等教育发展的奠基石和风向标。

2018 年，《全面深化新时代教师队伍建设改革的意见》提出落实以人为本、立德树人的根本任务，创建一支党和人民满意的高素质、专业化、创新型教师队伍成为时代新的需求。该意见就全面深化新时代教师队伍建设提出了新的战略部署：健全教师选拔培养机制，着力提升教师思想品德建设，推动师德机制常态化有效运行，落实并深化教师队伍管理体制综合改革。李克强总理在《政府工作报告》中强调发展公平高质量的教育，优化高等教育结构体系，加快"双一流"院校建设，支持中西部地区建设有特色的高水平、高质量大学，让每位学子都能够有机会通过教育转变自身命运、改变人生方向、成就自我理想。《高等学校人工智能创新行动计划》及《教育信息化 2.0 行动计划》提出将优化高等院校 AI 领域科技创新及人才培养计划，推动高校 AI 领域科技成果转化与示范应用作为重点任务，引导高等院校将目标瞄准世界科技前沿，积极推进"互联网＋教育"的发展模式，加快推进现代化教育。

从 20 世纪 80 年代高等教育全面复兴，到 90 年代的重点高校先行推进、2000 年的高校"大扩招"运动、2010 年的内涵式发展战略所经历的 40 年，既是我国高等教育实现深刻变革与快速发展的 40 年，也是实现了由"相对落后"的局面到"规模第一"目标的伟大变化，实现高等教育由规模扩张到内在提升的发展之路，全面提升高等教育质量的 40 年。

（二）国内高等教育改革的可能性

1. 加快"双一流"高校建设

党中央高度重视高等院校学科建设工作，对建设"双一流"高校进行了决策部署。我国支持高等院校特色办学，统筹推进"双一流"建设，加快研究出台"双一流"建设相应的实施方法，以中国特色为核心，以世界前列为目标，加快推动高水平大学或学科建设进入世界舞台。

2. 招生制度改革

教育部印发的《关于深化考试招生制度改革的实施意见》提出，改进招生计划，着力促进公平、科学选拔，破除"终身制"；推动各地区结合实际制订及强化相应考试招生制度改革的实施方案，深化考试内容，改革招生制度，明确定位，严格把控，完善化、规范化自主招生，力图破除影响高等教育发展体系的相关障碍；改革监督管理机制，进一步增强信息公开，加强制度保障，加大违规惩处力度，严查违规违纪行为，考试（考核）过程中全程监督以保证教育选拔的公平公正。

3. 教育经费投入

据统计，2018 年全国教育经费较上年增长 8.41%，其中高等教育一般公共经费投入增长 3.61%。我国教育经费持续增加，提升教育经费保障水平及使用效益，完善经费拨款制度，实施预算拨款制度改革，实现了高等教育经费保障水平的历史性跨越。此外，教育经费的投入增加了高等院校科研创新的动力，经费的使用和分配促进了高等院校招生办学力度，是院校师生专心致力于科研的保障。

4. 建设中国特色高等教育法律和制度体系

抓住全面贯彻落实教育方针是党和国家根据现阶段的实际国情提出的教育工作总方针。深入学习，强化教育体制结构性变革，全面深化高等教育改革，落实相关法案的各项规定，对形成全面依法治教、依法行政、依法办学的规范化、有序化及特色化的教育法律和制度体系，改革中国高等教育模式，保障教育管理体系有效化具有深远的意义。

5. 引入 MOOC 新型教学模式

科学技术的发展在理论上提供了教育改革的可能，MOOC 等网络在线学习形式是科学技术层面和教育领域的巨大改变，其给传统教学带来的挑战将促使高等教育在一定程度上实现自我变革。MOOC 为师生提供了一个全新的学习平台，使我国的高等教育在与时俱进中保持先进性，并不断培养出符合社会需要的高素质人才。

总之从政府层面、社会层面和技术层面来看，我国高等教育具有深刻的改革决心及有效的变革手段，建设符合我国国情的特色化、专业化、创新型的高等教育体系势在必行，打造一流教学团队，培养现代化、创新型的复合型人才，加速向世界教育行业前列迈进的目标正在实现。

二、MOOC的相关概述

（一）概念辨析

MOOC 是 Massive Open Online Courses 的首字母缩写形式，意思是大规模网络开放在线课程，中文习惯音译为慕课或者幕课，有人把它们理解为慕名前来学习的课程，或通过屏幕学习的课程。该术语的首创者被认为是 BryanAl Exander 和 Dave Cormier，之后该词被运用在 Stephen Downes 和 George Siemens 合作开设的网络课程"关联学习理论和连接的知识"中。MOOC 作为网络教育发展的一个新形式，不仅具有网络教育的相关特征，同时还出现了一些新的特点。因此，维基百科上对于 MOOC 的定义一直在不断地更新。截至 2020 年 9 月 21 日，维基百科给出的定义为："大规模开放在线课堂（课程），又称慕课（英语：Massive Open Online Course/MOOC）是一种针对大众人群的在线课堂，人们可以通过网络来学习在线课堂。慕课是远程教育的最新发展，它通过开放教育资源的形式发展而来。"从维基百科的定义可知，MOOC 作为一个新事物，自产生之时就备受人们的关注，成为教育界使用频率超高的词语。因此，关于 MOOC 的相关定义也在不断地改进。清华大学教育研究院教授程钢对慕课下的定义为："慕课是大规模开放在线课程，即把以视频为主且具有交互功能的网络课程免费发布到互联网上，供全球众多学员学习。其突出特点是以小段视频为主传授名校名师的教学内容，以及时测试与反馈促进学员学习，并基于大数据分析促进教师和学生改进教与学。慕课是在线课程层面上的网络教学形式之一，属于已经发展了十几年的在线教育系统的组成部分，对以往的网络教学有重要借鉴意义。"也有学者如 Ken 和 Masters 对 MOOC 概念的解读为：大规模（Massive）不仅是指大量的学习者参与课程，也可以指大规模的课程活动范围。在斯坦福大学 Sebastian Thrun 与 Peter Norvig 教授联合设计的《人工智能导论》课程中，注册人数达到 16 万之巨，可见，MOOC 课程学习没有人数的限制，是一种超大的巨型课程。而开放（Open）则是指该课程对学习者没有要求，不限定年龄、种族、肤色和国籍。学习者可以是来自全球各地的各类人群——学生、社会人士、学者、专家等。理解 MOOC 的概念是研究 MOOC 需要解决的第一个问题。学者 Wiley 认为："MOOC 的概念具有模糊性，可能会威胁开放教育资源和开放课程的未来发展，因为公众会觉得免费就可以了，进而没有人关心开放的问题。"而免费和开放并不等同。关于 MOOC 的具体概念，其具有的含义将会随着 MOOC 的发展更为多样，也更为完善。

（二）MOOC 的特点

1. 高度的互动性

交互式教学是 MOOC 与传统网络课程的一大区别。在教学过程中教师与学生之间、学生相互之间的互动频繁。

师生互动：在课堂上教师对学习者提问进行集中答疑，以一对多形式进行互动；授课教师还提供每周两小时左右的论坛在线时间与学生开展交流，课后测试通过客观题与学习者进行一对一形式的实时互动交流。由于先进网络技术的支持，教师可以看到学习者的笔记、问题，对其学习效果有清晰的了解，可以更有针对性地解答学习者的问题。

生生互动：合作学习是 MOOC 的主要学习方式。在授课过程中，将学习者分为若干小组，以小组为学习单元，每个小组研究一个主题。在完成任务过程中，充分调动每个成员的积极性，讨论学习主题、交流学习知识。对于不懂的问题，小组成员可以相互交流，也可以询问授课教师以及助教。学习者在线下可以通过微信、微博、论坛等形式交流遇到的问题。学生之间的互动频繁。

2. 学习的便捷性

MOOC 学习的便捷性主要体现在学习的自主性以及灵活性。MOOC 彻底颠覆了传统教学中"教师主导、学生遵从"的关系，充分体现学习者为主体，教师、网络共同主导这样一个全新的"双主"关系。在课前，学习者收集学习资料、观看课程视频、阅读相关材料、完成习题，为上课做准备。在上课过程中，学习者自己选择学习方式，标注笔记，自主选择重点。在课下，对于不懂的问题通过论坛、邮箱、微博等方式进行讨论。学习者充分发挥学习的自主性，教师只发挥引导、辅助的作用。

MOOC 的教学与学习是在线的，每节 MOOC 课程都由十几分钟的短视频组成。教学中大量采用图片、视频等，教学灵活多样，激发学生兴趣，加深学生对所学知识的理解。在 MOOC 学习模式下，学习者的学习地点、学习时间以及学习方式没有固定要求。学习者可以利用自己闲散的时间、自己喜好的方式开展学习。学生学习的过程完整呈现，在线评价系统会及时对学生进行评价，帮助学生了解自己学习的情况。上过的课程投放在网上，帮助学生循环观看学习。如果学习者有某个知识点没有掌握可以选择回放，再次学习该知识点直至掌握。学习具有极大的灵活性。

3. 受众的广泛性

基于互联网的普及、移动技术的迅速发展，MOOC 受众非常广泛。广泛性主要体现在课程的开放性以及规模性上。所谓"开放性"，即向一切人开放，任何人都可注册，进入资格没有严格限定。学习资源具有开放访问权限，不需要任何费用。学习者只要在网上注册、登录，就可按照自己的兴趣和需求选择学习的课程。另外，来自不同国家、不同文化背景的学生在网络世界实时参与一个共同的学习任务和课程项目，学习体验跨越地域的限制，使学习的主题遍及全球的每个角落。

课程没有学习者人数的限制，具有显著的规模性优势。规模性一方面是指课程学习者的数量庞大，另一方面也指课程资源覆盖范围广。课程资源涵盖世界高校优质的教育资源，学习者来自全世界各个国家。美国《高等教育纪事报》开展了一项针对 103 位 MOOC 教授情况的调查，结果显示每门课程平均有 33000 个来自世界各国的学生注册。据统计，仅麻省理工学院的"电路与电子"一课就有超过 160 个国家的 15 万学生报名。一门 MOOC 课程所授学生数目可能比以往一名教师几十年教授学生数目的总和还要多。MOOC 向社会公众传播文化，普及教育资源，教育的社会服务职能能得到更好的实现。

4. 课程的免费性

MOOC 的宗旨是"开放教育资源，使所有人都能接受教育"。MOOC 是各个大学联合开设的网络学习平台，免费提供优质课程。任何学习者只要注册之后即可享受来自世界知名大学教授的讲授以及其所研究专业领域的前沿理论知识。相对于传统大学课堂须缴纳高昂的学费，学生可以节约很大的经济成本。并且，由于跳出原有学校以及教师的圈子，接受世界范围内的专业知识，学习者视野更广，理论也更先进。

MOOC 合作高校在网上开设特定课程，注册者可以在线跟从课程的学习，无论是即时提问、提交作业还是最后的参加考试，这些都是免费的。也可以在课下观看高校录制好的视频（高校课程的制作团队制作好课程之后，将其上传）。在整个课程学习中，学习者无须缴纳任何费用（除为获取特定的证书或学分外）。只有真正的免费才能实现高等教育的真正开放。不花任何费用接触到世界范围的优质教育资源，这是 MOOC 的最大优势，也是 MOOC 为高等教育带来的巨大改变。

5. 学校资源的优质性

MOOC 提供的学习资源具有优质性。国内高校提供的网络课程，经过多年的运行给人留下的总体印象是"质量不高"、"制作粗糙"，而 MOOC 以世界级名校、名师为依托，所提供的课程资源多是具有国际水准的优质课程，制作精良、结构完整，有效地克服了课程质量低下这一传统网络课程的致命缺陷，使学生能够免费接触到世界顶尖大学的精品课程。MOOC 的课程安排具有系统性，与以往的视频公开课相比，MOOC 打造了一个更完整、更规范、更具有弹性的教育系统。传统的视频公开课只提供课程资源，而 MOOC 对学习的各个环节均进行了系统、合理的安排，课程要素十分完整。MOOC 的学习过程不仅安排了视频授课、解难答疑、互动交流，还有课后的作业与练习、课程考试、教学评价、获取学分和证书等内容。此外，基于互联网技术，MOOC 还可根据播放率、回放率、疑问、讨论议题关键词、答题错误率等大数据分析充分了解学生的学习情况，如哪一部分课程内容最难理解、哪个问题最难解答，从而动态调整授课内容。当然，尽管 MOOC 课程模式相比传统的课堂教学和视频课程具有诸多优势，但在其发展过程中也不可避免地面临着一些制约与挑战。

（三）MOOC 的本质

很多人认为 MOOC 就是在线课程，也有人认为 MOOC 就是网易公开课，这些误解反映出大众对 MOOC 的认知度不够，没有抓住 MOOC 的本质。MOOC 是在线教育的一部分，这是学者们的共识，那它是不是远程教育？与网络公开课有何差别？我们逐个进行对比分析，在此基础上得出 MOOC 的本质。

1. MOOC 不是远程教育

有人认为 MOOC 就是远程教育，其实 MOOC 还没有达到远程教育的标准。两者的相同点是在所有活动中，教师与学生保持着一种准永久性分离的状态，但是，远程教育是学历教育，有体系化的课程，而 MOOC 还无法提供有效力的证书，课程建设还属于量的集聚阶段，所以说，MOOC 还算不上远程教育。但 MOOC 也不同于大多数的网络课程，它实现了实时交互，提供了完整的学习体验，而且可以采集和分析大规模数据。此前的函授教育、广播电视教育、网络教育都做不到这一点。MOOC 与远程教育的区别主要有：①远程课程单向传授，无法实现即时互动，而 MOOC 则实现了即时互动；②远程和在线教育无法达到大规模，而 MOOC 不但实现了大规模，而且可以进行大规模交互参与；③远程和网络教育不是真正意义上的开放，而 MOOC 的课程则是向所有人免费开放的课程。

2. MOOC 不是网络公开课

2010 年 10 月，网易用户网站在中国率先推出了"全球名校视频公开课"的公益项目，免费翻译并发布国外大学优秀课程。网易公开课其实就是一种网络公开课。它是传统课堂的录播，视频长度为 40 分钟甚至更长。学习者无须注册就可以免费观看网络课程视频。相较而言，MOOC 课程更加多样化，制作更加精良。MOOC 的教师不会拘泥于讲台、黑板、PPT 等传统课堂的教学手段，场景也不限于室内。一个优秀的 MOOC 课程堪比电影和纪录片，使人赏心悦目。MOOC 不是仅仅把讲解的知识内容放到网上，而是把整个学习的周期全部在网络上加以呈现：老师出镜讲解知识、学生网上做作业、网上参与互动讨论、网上提交作业，同时还有期中、期末考试，最后通过了考核还会有认定学分、获得证书等诸多环节。网络公开课仅仅是教育资源视频库，并不组织教学，也不会给学习者授予证书或学分。MOOC 与传统的网络公开课的另一个区别是：传统的公开课平台没有采集学习者的学习记录，而在 MOOC 中，学习者的每一个学习行为、教师的每一个教学环节都会被精确地记录在案，技术人员通过挖掘大数据背后的意义，会让未来的教与学更加个性化和科学化。

三、研究主要内容

（一）MOOC 在中国高等教育教学中应用的必要性与可能性

MOOC 在我国高等教育中应用的必要性与可能性是通过 SWOT 分析方法来进行阐述的。SWOT 方法可解析 MOOC 在中国高等教育教学中应用的各方面的优劣势态，以及给教育行业带来的机遇和挑战。MOOC 作为一种新型教育学习模式，是技术层面和教育领域的巨大变革，面临 MOOC 的冲击，我国高等教育教学应尽快迎接挑战，具体表现在：第一，MOOC 实现了信息技术创新，大数据、云计算和人工智能等技术将高等教育从工业化时代带入到数字化时代，而 MOOC 通过整合在线学习、大数据分析、移动互联网等相关概念，实现大规模的面向实时信息交流和互动，将"大规模"在线课堂从设想变成现实；第二，MOOC 提供的课程教学内容不断地优化和及时更新，不同语言和文化背景的课程为 MOOC 课程提供了丰富的资源，通过互联网的终端服务，重组了基于线上的教学体系，形成虚拟网络中一对一的教学模式，有利于教师教学水平的提升与教学要素的联动，方便学习者根据自己的兴趣进行课程选择；第三，MOOC 的免费性、开放性以及大规模性刚好弥补传统高等教育的不足，打破了传统高等教育的限制，降低或者消除了原有的进入门槛，扩大了高等教育受众规模，在维护教育公平，促进教育资源共享等方面具有传统教学模式难以比拟的优势。

（二）面对 MOOC 的冲击，高等教育教师应对策略研究

新一轮教育课程改革不仅对教师提出了新要求，赋予教师新的历史重任，同时也为教师的发展提供了广阔的空间和舞台。教师是 MOOC 的参与

者和领导者，也是 MOOC 的推动者和发展者，其教导过程中需要遵循教育、教学活动规律和大学生身心发展规律，树立现代高等教育观，激发学生的学习自主能动性，协助大学生进行积极的自我建构，着力培养学生的创新精神和创新能力。传统的高校教学模式如讲授教学法、共同解决问题型教学法及自主型教学法显露出一些弊端，而 MOOC 的普及发展改变了传统的教学方式。由于 MOOC 具有资源丰富、便于搜索、易于传播、应用范围广泛等特点，在信息化迅速发展的情景下，MOOC 已成为任何人都能够使用的教学或学习的媒介，为学习者和教学者提供了十分便利的平台。因此，教师需要相应地转变教学理念，优化教学过程，改革教学方法以及制定准确的教学目标，选择新颖的教学方式同时转变自身定位，以适应 MOOC 带来的改变。

（三）面对 MOOC 的冲击，高等教育学生应对策略研究

MOOC 不仅对高等教育教师产生巨大影响，还对高等教育学生产生巨大影响。MOOC 虽符合了高校学生良好师生关系和互动学习环境的需求，但对高校学生学习兴趣、信息素养和语言能力等学习影响因素有了较高要求，高校学生应对传统的学习模式进行变革，包括利用 MOOC 教学平台，激发学习潜能；利用 MOOC 教学平台，构建学生个性化学习模式；利用 MOOC 平台，加强自我监管能力，优化自我学习习惯，以适应 MOOC 学习的需要；利用网络协作，加强语言学习，激发学生的学习主观能动性和利用同伴互评，采用吉布斯采样方法，提高学习效率等应对策略。总之，高等教育学生需要变革传统的学习方式，主动应对和迎接 MOOC 的到来，尽可能多途径掌握专业技能，提高自己的学习能力。

（四）面对 MOOC 的冲击，我国高等教育管理方式的变革研究

面对当下的社会环境，我国高等教育管理体制自身的行政化、脱节化等畸形发展问题经过多年的调整与改革，借鉴国外集权式教育管理体系的分权化或分权式教育管理体系下集权化教育管理体制的优点，得到明显的

优化，并且结合本国国情形成了一定程度上适用于我国教育管理层面的相应制度与策略。在相关政策的指导下，政府部门、高校、社会、教职工等教育不同层面的主体应相互协调配合，坚持学生的主体地位，提高教学质量，尤其要抓好本科教学，大力推进教学评估工作的进行，提高教学管理水平，在一定程度上缓解由于上述问题造成的教育资源分配不均、人才质量和水平下降等不良情况。但是，相对于社会对高等教育的质量要求来说，这还远远不够。MOOC 作为一种新型教育学习模式有利于从不同方面对传统高校教育管理体制和传统教育模式进行根本性的改造，有利于加快推进各高校加入 MOOC 课程体系的进程，从而吸引不同层次的人群受众利用 MOOC 的网络课程联合上课，打造"教学共同体"，实现相对的教育公平。而在实现教育公平的同时，MOOC 的广泛应用有利于传统教育的结构性变革而提高的教育生产力，实现了网络教育的质变，使终身学习成为可能。

第二章
国内外研究述评与理论基础

一、国内外相关研究述评

自三大平台在美国诞生，MOOC 在世界各国遍地开花。各个国家的政府、高校和企业都认为 MOOC 是不可错过的机遇，迫不及待加入 MOOC 的建设中。众多 MOOC 平台有官办的，有企业创办的，也有多机构联合创办的。不同的平台有不同的定位，运行模式也不尽相同。本书从平台建设主体、资金来源、开放程度、课程建设、教学管理、创收等角度分析国外 MOOC 建设情况，以期能为国内 MOOC 建设带来启示。

（一）MOOC 在国外的相关研究述评

国外作为 MOOC 的发源地，对 MOOC 的相关研究相对较早和成熟。笔者于 2014 年 4 月在 Google Scholar 中以 "MOOC" 和 "Massive Open Online Courses" 为关键词进行英文学术文献检索，获得了 MOOC 相关的英文学术文献。从文献的总体而言，与 MOOC 相关的文献总体数量并不多，以 "MOOC" 为关键词获得英文文献 10，400 条，以 "Massive Open Online

Courses" 为关键词获得英文文献 429，000 条。而在 Springer Link 上以 "MOOC" 为关键词检索到文献 252 条，以 "Massive Open Online Courses" 为关键词检索到文献 10，906 条。从所得到的国外文献中发现，国外关于 MOOC 的研究大都从 MOOC 的学习理念、学习方式，网络交流平台，MOOC 学习者的调查，MOOC 相关的课程设计、开发、技术等方面入手，研究 MOOC 对学习者、学校、企业机构等的影响。关于这方面的相关研究有：

1. 关于 MOOC 课程的网络交流工具的研究

由于 MOOC 课程的发展要依托完善的网络技术和网络交流平台，因而，当前 MOOC 所能使用的网络交流工具成为了学者研究的重要领域。Alario - Hoyos 和 Pérez - Sanagustinl 等学者在《Analysing the Impact of Built - In and External Social Tools in a MOOC on Educational Technologies》中认为：在过去的几个月中，MOOC 颠覆了传统的教育，通过两个内部交流工具（QM 和论坛）和三个外部交流工具（Facebook、Twitter 和 Mentor-Mob）分析 MOOC 对传统教育的影响。而大多数参与者认同社交工具能够促进他们与同伴之间的交流和分享，认为论坛是 MOOC 课程第一优先考虑的交流工具。学者 Belanger 和 Thornton 在《Bioelectricity：A Quantitative Approach Duke University's First MOOC》中通过实证研究提出了课程的开发和交互过程，描述了学生注册、学生学习结果的测量和这些学生的学习经验，并介绍了指导者和幕后工作人员支持课程的开发和交互的情况。

2. 关于 MOOC 课程学习方式的研究

MOOC 课程区别于传统网络教育的一个主要方面是 MOOC 支持多种学习方式。关于这方面的研究主要是 Grünewald、Meinel、Totschnig 和 Willems 等学者在《Designing MOOCs for the Support of Multiple Learning Styles》中对 2726 个参与者进行了调查，发现只有 38% 的学习者能够最终完成课程的学习。文章通过分析参与者的反应来解决两个问题：第一，MOOC 是如何适应不同的学习风格的；第二，参与者的结论对 MOOC 的设计和组织有什么建议。调查结果显示：学习者对专业知识的学习资源的讲座视频满意度高达 92.1%（其中 70.7% 很满意、21.4% 表示比较满意），88.8% 的学习者对教程视频满意（其中 63.7% 很满意、25.1% 比较满意），89.8% 的学习者对幻灯片表示满意（58.3% 表现为很满意、31.5% 比较满意），70.8% 的学习者对阅读教材表示满意（其中 44.8% 很满意、26.0% 比较满意），87.7% 的学习者对测验表示满意（56.6% 很满意、31.1% 比较满意）。斯坦福教授 Martin 在《Will Massive Open Online Courses Change How We Teach?》中提出，MOOC 使得他在每周与学生上课时节约了大量用来说明材料、任务的时间，腾出更多的时间让他和学生用来讨论学生发现的问题或者探讨不同的意见。Fred G. Martin 教授认为，MOOC 不仅让学习的地点从学校转移到了家中，而且 MOOC 是一种学习方式，让所有相关的学习者能够联合和相互合作，分享知识，拓宽了知识的深度和广度。

3. 对 MOOC 学习者的研究

从第一门 MOOC 课程出现到现在已经有十多年的时间，一些学者通过记录 MOOC 学习者的学习过程来研究 MOOC 课程发展的意义。Smith 和 Eng 在《MOOCS：A Learning Journey》中分析比较了 cMOOC 和 xMOOC 的学习模式和经验的不同，从课程内容、相互作用、评价、教师和学生的角色、教学方法等方面论述了它们的不同特征。美国学者 Rodrigue 在《MOOCs and the AI – Standford Like Courses：Two Successful and Distinct Course Formats for Massive Open Online Courses》中阐述了在线教育演变的五个过程，分别是 ConnectivismMOOCs、MobiMOOC、EduMOOC、Connectivism 和 Connective Knowledge（CCK08）、Personal Learning Environments、Networks、Knowledge（PLENK2010）。他从使用工具、参与者情况、辍学率、资格认定、导师和辅导员的角色等方面分析了两种不同的在线教育模式。在使用工具方面，75% 的 PLENK2010 受访者表示获得课程资源的来源主要是每日简报，而 MobiMOOC 和 EduMOOC 的网络使用工具相似，都是各种基于 Web 的工具。在参与者方面，主要来源是教师、学生、管理者、导师、工程师、主持人、训练员和大学教授，他们的年龄跨度从 21 岁到 79 岁，平均年龄为 30 岁，而且 65% 的学习者来自美国以外的国家，

85%的学习者获得了文学士/理学士的学位。在角色方面，C-MOOC的教师是促进者，是整个集体的代表，EduMOOC的教师是组织者，而在Mobi-MOOC，教师的概念演化为兼职教师。

4. 政府、高校与企业积极推进MOOC发展的研究

（1）自主创新，自行建设MOOC。虽然美国MOOC平台建设的步伐最快，而且制定了全球化策略，但是不仅有美国，可以说各国都在建设本国的MOOC平台，如英国的FutureLearn、澳大利亚的Open2Study等。很明显各个国家不愿让本国教育的领地被别国侵犯，都致力于开发具有本国特色的MOOC课程，如FutureLearn充分利用英国开放大学在线教育的经验，平台的学习体验要远高于大多数的MOOC平台。

（2）MOOC平台的可移动化。从平台功能上看，MOOC平台都新增对手机、平板电脑等移动设备的支持，还整合平台与推特（Twitter）、脸书（Facebook）等社交平台的连接。Coursera已有iOS、Android和Kindle Fire移动客户端，Udacity有iOS和Android客户端。这些移动客户端可在线或离线播放视频，但讨论区和在线测试功能还没实现。

5. 关于完善服务条款的研究

众多MOOC平台，不管是营利还是非营利性质，都提供高品质的MOOC课程，不仅界面友好，内容丰富，社交功能强大，还制定了一些服务条款。

（1）退款和兑换券。几乎所有MOOC平台的收费证书都可以在2周内申请退款，超过期限申请退款则需有充分的理由。以Coursera为例，所有签名认证和专项课程都可以在一定期限内退款；如果学习者在退款期限之后退出签名认证，可以申请一张课程兑换券。免费参加同一课程的签名认证，兑换券的有效期为一年。但是Coursera并不能保证课程会再次开课。在没有使用助学金或兑换券学习课程的情况下，如果学习者未能完成签名认证课程，将会自动获得一张兑换券，用于支付同一课程下一班次的签名认证费用。

（2）申请助学金。经济困难的学生可申请Coursera平台免费的认证证

书。学习者需要满足以下条件：①能够证明自己支付课程签名认证费用确有经济困难；②认证证书对学习者本人教育或职业生涯有重要价值；③认同学术诚信理念及对课程学习社区能发挥积极作用。申请被审阅期间，学习者将被暂时授权访问课程签名认证，直至收到回复。也就是说，如果没有收到回复，就可以继续签名认证课程学习，并获得认证证书。

（3）设置时区及语言。许多 MOOC 平台用户可以自己设置时区，平台会根据学习者所在时区显示课程、作业截止时间和字幕语言。有的平台课程还有多种语言，学习者可以选择自己擅长的语言。

（4）社区助教。Coursera 社区助教是来自 Coursera 社区的志愿者，他们会协助管理课程论坛，回答与课程相关内容的提问，并解答关于 Coursera 平台的一般性问题。他们会促进讨论，帮助改进学习体验。社区助教由课程工作人员从之前班次表现最好的学生中选择。一般来说，社区助教不仅能很好地掌握课程内容，而且在课程论坛上非常活跃。但是，并非所有课程都有社区助教。

（5）电子邮件提醒。电子邮件提醒是指课程即将开课的时间，作业提交、申请证书的时候，学习者都可以收到邮件提醒，几乎所有的 MOOC 平台都有电子邮件提醒功能。在 Coursera 平台上，如果学习者希望在其他人回复自己帖子后能够收到邮件提醒，也可在发帖和评论时选中订阅这个主题，学习者可以随时取消订阅邮件。如果想通过电子邮件接收到特定主题的更新情况，学习者可订阅邮件更新。

（6）签名认证试用。Coursera 提供签名认证免费试用，试用开始于提交第一份课程作业，即通过提交作业来进行身份认证，让学习者有资格获得认证证书。如果不对作业进行认证，也仍然可以参加课程学习，只是不能够获得认证证书。试用允许学习者最晚在课程最后一周支付签名认证费用。试用过程中，如果觉得签名认证不适合自己或者觉得自己不需要签名认证，可以随时停止试用。试用期结束后无法参与试用。

6. 其他关于 MOOC 的研究

（1）重视社交互动。国外的 MOOC 平台基本都可以用社交媒体账号登录，如 Facebook、Google 等。用社交媒体账号登录，一方面给学习者提供方便，另一方面 MOOC 课程学习中的互动要用到这些社交媒体。平台都设有学习者的个人主页，利于学习者之间互动、沟通和合作。MOOC 平台不仅强调学习同伴之间的互动，还有助教对学习者的困难给予及时解答的互动。

（2）学习数据收集。几乎所有的 MOOC 平台都会收集学习者的学习数据，主要用于网站的改进和教学改革。2012 年 3 月 MITX 第一门课程《电路与电子技术》共有 154，763 人报名，7，157 人完成学业。MIT 投资 20 万美元用于对这些学生的数据进行分析和挖掘研究，希望发现适合网上学习的内容、学生人群和有效的教学方式。Coursera 与 Udacity 平台均不向课程制作方开放学习数据，edX 则对开课学校开放数据。edX 更关注对在线教育的研究，改善校内的教学。包弼德（2014）说："通过在线学习我们可以获得大量学生及学生学习方式的数据。"现在，在线教育为我们提供了挖掘这些信息的机会，可帮助我们改善线上及学校学习质量。

（3）重视全球化战略。英语国家的 MOOC 坚持了全球化路线。Coursera 不仅积极与我国高校合作，而且与网易、果壳网都有合作。2013 年 10 月 8 日，网易公开课宣布与 Coursera 正式开展战略合作，Coursera 官方中文学习社区同步上线。2014 年 4 月，Coursera 全球翻译社区成立，中文翻译伙伴为"教育无边界字幕组"。根据上海交通大学和复旦大学与 Coursera 签订的协议，提供的中文课程一旦有超过 1 万人选修，那么 Cousera 将在 7 天内免费为课程提供字幕甚至提供英文音频。2015 年春，Coursera 推出了中文版"金融市场"。这是 Coursera 首次尝试推出的中文翻译版课程，课程视频附有中文字幕，课程页面和习题译成中文，课程论坛也开放了中文支持。2014 年 4 月，edX 与"学堂在线"建立合作关系。由于 edX 视频放在 YouTube 服务器，中国大陆地区无法播放，故此合作有利于 edX 在中国的推广。英国 FutureLearn 也在积极与复旦大学、上海外国语大学等开展合作，建设中国文化课程。

（4）精英化合作路线。Ry Rivard（2013）批评了 Coursera 的合同精英主义（Contractual Elitism）。他指出，在《高等教育内幕》所得到的一份 Coursera 与合作院校签订的合同中规定 Coursera 仅仅提供名校的课程。这里的"名校"指美国大学协会（AAU）和北美以外地区的顶尖名校（国内排名稳居前五的高校）。Coursera 联合创始人科勒辩解这一规定是在公司创立初期为了打造品牌而设定的，当时答应下来没有过多考虑。其实，这一规定也暗合 Coursera 的宗旨：致力于普及全世界最好的教育，与顶级大学和机构合作，向所有人提供免费课程。科勒说未来"仅限名校"的规定也许没有意义。在与高校合作方面，相对于 Coursera 来说，edX 更加显示出精英主义的倾向，虽然并没有在文字上体现。

（二）MOOC 在国内的相关研究述评

为了及时掌握 MOOC 发展的最近动态，笔者于 2013 年 12 月利用互联网对国内有关研究文献进行了检索。在"中国期刊全文数字库"中以关键词"MOOC"进行搜索（时间为 1995 ~ 2014 年），共 25 条记录。但是在《中国青年报》、中国教育在线、中国新闻网等相关报纸或网站有大量关于 MOOC 的报道。总体上看，国内关于 MOOC 的研究主要集中于 MOOC 的出现、影响、冲击、启示、理念和应用。

1. MOOC 对高等教育影响的相关研究

中国学者对 MOOC 的相关研究始于 2012 年，但是中国学生在 2011 年时就已经参与了 MOOC 相关课程的学习。理论研究是在实践的基础上诞生的。从国内相关文献中发现，最早对 MOOC 进行关注并研究的学者是南京师范大学的焦建利，他在《说说慕课的来龙去脉》一文中第一次把 Massive Open Online Courses 翻译为"慕课"，并论述了 MOOC 产生的模型和发展演变的情况。随后，"慕课"一词在我国得到广泛的使用。关于 MOOC 的相关研究主要从以下几方面进行论述：

（1）关于 MOOC 的影响研究。关于 MOOC 影响的相关研究主要有：王文礼（2013）的《MOOC 的发展及其对高等教育的影响》、老松杨等（2013）的《后 IT 时代 MOOC 对高等教育的影响》、台湾淡江大学教授部景平的《MOOC 带来高等教育的春天》、李晓明（2013）的《MOOC 理念打开了一扇创新的大窗户》等相关文章。这些文章都表现一个共同的思想：MOOC 的诞生对当前高等教育的发展产生了深刻的影响，该影响囊括整个高等教育体系，而且当前 MOOC 表现出来对高等教育产生的更多是积极正面的影响。李晓明认为："教学方法是教育学研究的传统课堂，但所有成果几乎都是针对小规模学生群体的，现在需要研究大规模教学法。"

（2）关于 MOOC 的发展研究。MOOC 的出现被认为是对当前高等教育的一种机遇和挑战，关于这方面的相关研究主要有 2012 年《中国科学报》报道的《放资源：一场宁静的高教革命》、张满才和丁新（2006）的《在线教育：从机遇增长，到融入主流、稳步发展——美国在线高等教育系列调查评估对我国网络教育发展的启示》、李志民（2014）的《MOOCs 的挑战与大学的未来》、焦建利（2013）的《MOOC：大学的机遇与挑战》等相关文章。这些研究都表明，MOOC 会对高等教育未来的发展形成巨大的冲击和挑战。李志民认为，MOOC 将促进大学功能加速转变，同时由于知识传播的功能被互联网所取代，未来大学的功能主要是知识探索、知识验证、考试认证。从这个意义上讲，大学将成为研究院、考试院。随着信息技术的进一步发展，大学将会虚拟化（数字化），教学和管理将泛在化、全球化。此外，焦建利认为："慕课对高等教育的信息化、国际化、民主化都将产生重要而深远的影响。慕课有助于增进大学间以及大学与政府、社会和企业之间的协同创新。而更多的影响主要表现在教学策略和教学方法上。"

李明华（2013）在《MOOC 革命：独立课程市场形成和高等教育世界市场新格局》中认为："MOOC 的兴起形成的课程市场，挑战了以大学为轴心的课程打包出售的学历学位市场，将会使 MOOC 进入高等教育学位市场的独立课程市场，形成课程层面的教育认证体系，香港大学按学位打包出售给学生的内部课程市场，大学进入'瘦身'，进而'空壳'化阶段。而 MOOC 课程将冲击中国大学，迅速淘汰劣质课程，更新和提升课程，短期内对中国高等教育质量提升的作用就将远远超过高等教育质量工程。建议国家提供资助，推出大学生免费选修 MOOC 课程的高等教育发展战略。MOOC 给农民工教育带来新契机，建议面向农民工推出免费的大专层次课程，课程学分积累到规定数额可以获得相关专业的大专文凭。MOOC 课程市场的技术基础和互联网的世界性决定了 MOOC 课程市场的世界性。中国学生对来自国外的 MOOC 课程有极大兴趣，威胁来源于中国的课程。MOOC 课程的世界市场也给中国带来把源于中国的课程和学位项目大规模地推向世界的机会。"

桑新民等（2013）在《"乔布斯之问"的文化战略解读——在线课程新潮流的深层思考》中对大规模开放在线课程新潮流进行了现实考察、理论探究、未来展望和跨文化沉思。作者认为，这是 21 世纪教育冲破"机械灌输＋标准化考试"的"工业流水线"人才培养模式，引发学习方式变革的攻坚战。这场变革正在集聚智慧和能量、酝酿重大突破。文章对 MOOC 潮流中的麻省理工学院与哈佛大学联手发起的 edX、以斯坦福大学为背景的 Udacity 和 Coursera 三大典型 MOOC 课程机构分别进行了个案剖析，从宏观战略视角提出了新一代网络课程深化发展必须破解的三大难题，并在操作层面从教学模式、评价模式、运维体制、校内外结合四大关键环节探讨了破解的成功之道，揭示出成功的关键在于能否实现三种智慧（学习智慧、IT 智慧、商业智慧）的内在结合。论文最后对"乔布斯之问"展开了更深层次的跨文化沉思，揭示了名牌大学优秀课程作为一种重要的文化战略资源在国际互联网新时空中的传播，是世界不同文化的竞争博弈，是 21 世纪人类文明发展在碰撞、交流、理解、沟通中走向相互尊重、和谐共赢的一条希望之路。

（3）关于 MOOC 的理念研究。MOOC 是大规模开放课程的统称，包括 cMOOC 和 xMOOC 两种，分别是由两个不同的教育理念发展起来的。袁莉等在《大规模开放在线课程的国际现状分析》一文中分析了 MOOC 的两种不同理念：cMOOC 是建立在联通主义学习理论基础上，强调在非正式情境下的一种学习；而 xMOOC 以行为主义学习理论为支撑，是高校内部教学模式的一种迁移或者延伸。两者的主要争议在于强调学习过程还是学习内容。不同的学习理念，相对应地衍生出不同的 MOOC 机构。作者提出，MOOC 已经开启了高等教育变革的战略讨论，并使现有的网络教育提供者重新思考网络学习和开放教育在未来高等教育中的作用和意义。他们从 MOOC 的主要提供机构、提供者动机、学习者动机和商业模式等方面分析了 MOOC 的教育意义，指出 MOOC 所要面临的问题及挑战主要是可持续性（商业模式）、教学法的改变、教育质量和学生修课的完成率、高等教育的学分授予（考评和学分）。其他关于 MOOC 的理念研究还有：李纪元（2013）在《MOOC 背后的理念》中认为，大量教授投身 MOOC 的原因除本身具有利他主义倾向外，希望更多的个体获得高等教育的资源，同时也是为了让自己不落后于他人，获得一定的知名度。

（4）关于 MOOC 的案例分析。顾小清等（2014）在《MOOC 的本土化诉求及其应对》中认为，中国本土化的 MOOC 发展具有现实的可能性。上海高教课程中心与 EWUCC 东西部高校课程共享联盟发起的课程具备了 MOOC 的基本特点，采用了混合教学模式和合作教学的理念。顾小清等分析认为 MOOC 与传统网络教育的不同之处主要体现在四个方面：技术平台的不同，教学法的不同，资源、数字图书和知识版权的分属，以及学习分析技术的差别。汪琼（2013）在《MOOC 与现行高校教学融合模式举例》中认为如果把 MOOC 与现行高等教育比作两条平行线，它们的发展将以三种形式存在：相交模式、平行模式和重合模式。她认为 MOOC 未来与高等教育结合情况如何，主要看 MOOC 技术的发展趋势。如果未来的 MOOC 技术能够创造友好的个人学习环境，帮助用户快速找到需要学习的内容，让学习有趣且高效，那么开放网络教育就真的有可能取代高等教育系统而成为人生学习发展的主园地。

（5）关于 MOOC 的机构分析。袁莉等（2013）在《大规模开放在线课程的国际现状分析》中通过论述 MOOC 的主要教育机构 edX、Coursera、Udacity、Udemy、P2Pu 和可汗学院的性质、特点和教学理念，对比了各个教育机构之间的不同教学方法。汪庆怡（2020）在《高校信息素养类慕课教学内容研究——基于国内 MOOC 平台的调研》中，利用网络调研法，以国内 MOOC 平台即机构建设中具有代表性的慕课课程为调研对象，提出了一些不同的看法。调查显示，国内信息素养类慕课课程的教学内容主要包括基本概念介绍、搜索技巧、不同需求或使用场景下的信息检索、搜索引擎及开放获取等方面。江庆怡认为，在开发利用 MOOC 平台即机构时应当把学生放在主体地位，树立问题意识，根据不同需求优化教学内容，同时也要根据时代和技术的发展适时地更新教学内容，完善信息安全、信息道德建设。

2. 中国 MOOC 发展状况述评

国内 MOOC 平台由政府建设的有"中国大学 MOOC"，由高校建设的有"学堂在线"（清华大学）、"好大学在线"（上海交通大学）和"华文 MOOC"（北京大学）。高校联盟平台有"东西部高校课程联盟"（重庆大学）和"UOOC 优课联盟"（深圳大学）。企业建设的 MOOC 平台超过百家。全国有近 200 家不同类型的 MOOC 网站建立起来（周路茜，2014）。这些 MOOC 平台各自为政，课程内容重叠，质量参差不齐。而且，各平台现阶段的目标是增加学习者群体的数量，至于投入产出效益如何，往往不计后果。这造成了我国的 MOOC 发展相对较缓慢，发展不充分不到位，体现在以下几种情况：

（1）高校缺乏校际、对外合作。

1）顶尖高校互不合作，"亲"政府平台。清华大学、北京大学和上海交通大学是我国高校 MOOC 建设的领导者。清华大学和上海交通大学不是"华文 MOOC"的合作院校；北京大学与上海交通大学不在"学堂在线"合作院校之列；北京大学和清华大学不在"好大学在线"合作院校之列。在"华文 MOOC"上线前，北京大学主要将课程放在 edX 与 Coursera 平台上，仅有三门课放在"中国大学 MOOC"平台上，而上海交通大学大部分的 MOOC 课程放置在自建平台"好大学在线"上，国内其他平台并没有上海交通大学的课程。清华大学的课程（114 门）在国内则只放在"学堂在线"平台上。我国 MOOC 三大领导高校呈现三足鼎立之势。"学堂在线"只有 9 所合作院校（包括清华大学），但是清华大学 MOOC 课程数量有114 门，居国内第一。

2）高校分层。我国现有东西部高校课程联盟和 UOOC 联盟两个高校联盟。东西部高校课程联盟合作院校主要是"211 高校"或"985 高校"，而 UOOC 联盟是中国地方高校 MOOC 联盟，主要是一些普通高校，联盟成员教学实力相对较弱。"学堂在线"平台走"精英主义"路线，它的口号是"致力于通过来自国内外一流名校开设的免费网络学习课程，为公众提供系统的高等教育"；"好大学在线"平台宣称是"中国高水平大学 MOOC 联盟"；"华文 MOOC"平台合作院校则是强强联手，目前有北京大学、香港大学、北京航空航天大学、北京师范大学、台湾大学、厦门大学加入。不同层次院校联盟、不同平台各自为政，互不沟通合作。上海交通大学的"好大学在线"平台合作院校在上海地区的较多，北京地区只有 1 所（对外经济贸易大学），地缘性显而易见。

3）国际化不足。从国际化层面来看，只有清华大学、北京大学、上海交通大学、复旦大学、华南理工大学和西安交通大学走向了国际：清华大学只加入了 edX，上海交通大学与复旦大学加入了 Coursera 和 FutureLearn，北京大学加入了 edX 和 Coursera，华南理工大学加入了澳大利亚的 Open2Study（开设"中国语言与文化"课程），西安交通大学加入了 Coursera。从平台角度来看，各高校对教育部的"中国大学 MOOC"平台接受度较高，有 29 所国内合作高校，各地区的高校均有参加，如国防科技大学、哈尔滨工业大学、山东大学等院校的 MOOC 课程主要集中在"中国大学 MOOC"平台。而拥有自建平台的清华大学和上海交通大学既不互通课程，也不加入"中国大学 MOOC"平台。

（2）政府反应滞后。2014 年 10 月，广东省教育厅发布的《关于普通高等学校实施学分制管理的意见》指出：高校将探索对 MOOC 等互联网学习平台的学分互认，同时探索校外选课，鼓励区域内高校联合开课，推进师资、课程的共享与学分互认。学生可以自主选择授课时段、任课教师，确定学业进程。相比之下，教育部对 MOOC 的反应就滞后了，虽然 2014 年 3 月发布的《教育部办公厅关于印发〈2014 年教育信息化工作要点〉的通知》中提出：深入研究 MOOC 对高等教育的深刻影响，支持"985 高校"开设开放在线课程。但其中并没有给出具体的实质性的支持，学分认证也是高校联盟在推动，教育部没有明确的支持或不支持态度。这与美国政府明确不干预 MOOC 运营的主流不同，美国科学技术顾问委员会曾发布一份工作报告，声称目前建立 MOOCs 的相关标准和法规还为时过早，联邦政府对于 MOOC 和其他形式的远程教育的运营方不会多加干预，以免对市场竞争和激励创新造成伤害。该报告写道："如果认证的门槛设置过高，会对 MOOC 这一新生事物以及相关的技术平台实现其全部潜力形成阻碍。"而我国的教育环境向来是政府主导，如果没有行政手段，证书没有效力，也没有资金来源，MOOC 很难持续发展。

（3）平台开放度不够。MOOC 在网络平台上开课，如果网络平台开放程度不够，会直接影响 MOOC 的发展。我国不管是企业 MOOC 平台，还是高校联盟平台，其开放程度都有待加强。企业 MOOC 平台按课程收费，大多是由在线教育转向 MOOC，课程开放度不够，大多数课程收费，部分课程免费，其实是 Freemium 模式。我国的 MOOC 建设中，企业是很重要的一环，因为企业掌握着先进的技术和市场经验，这些正是高校所欠缺的，企业也应担当起社会责任，为教育公平和优质资源共享贡献自己的力量。而高校联盟平台仅限合作院校学生，课程主要用于学分认定，开放对象限于合作院校学生，合作院校学生之外的学习者无法使用课程资源，即使是合作院校的学生，如果没有经过学校教务处选修 MOOC 课程，也无法获取课程资源。学分互认是我国高校的创新，但这样的后果是优质资源的低利用率。另外，开课时间与学校学期安排基本一致。对于学分认证课程是合理的，但是假期中学生相对轻闲，如果这段时间上线一些学生感兴趣的课程，会有很好的效果。

（4）平台利用度不高。根据调查发现，虽然国内 MOOC 建设如火如荼，企业、高校、政府都加入了 MOOC 浪潮，但使用 MOOC 的学生并不多。国内学生 MOOC 的使用并没有媒体报道的那般"热火朝天"，具体问题体现在：一是学生 MOOC 参与度低。在 965 名调查对象中，注册学习 MOOC 的学生（227 名）仅占 23.5%。通过问卷调查，发现"周围同学学习 MOOC 的情况"仅有12%的调查者选择"很多"或"较多",而在学习过 MOOC 的学习者中,选择"只参加一两次课程学习"和"偶尔参加学习"的占了近80%。由此可见,虽然 MOOC 在学校、政府等层面发展迅速,但是在学生群体中普及度并不高,了解 MOOC 的人相对较少,即使在注册过 MOOC 的学习者中,大家对 MOOC 也是一时热情,上过一次课程就很快放弃,MOOC 参与度较低。二是无学分。"好大学在线"平台的课程供联盟内高校互换学分,"学堂在线"平台有几门课程实现了校内的学分互换。UOOC 联盟中在2015年1月仅深圳大学实现了 MOOC 学分等同于实体课堂学分。学分互认仅限于 MOOC 发展超前的高校,国内大多数的 MOOC 课程并没有实现学分认可。国内学生的学习负担重,MOOC 不给学分,对将来的就业、生活等没有显而易见的"好处",因此学习者缺乏学习 MOOC 的外部动机。国内教育某种程度上呈现出功利化趋向,如果不能带来"实际的好处",就难以顺利发展。三是证书认可度不高。国内 MOOC 提供收费的认证证书,一般收费100元。但是这种证书没有社会认可度。国家没有给出证书效力的相关政策,开课学校也明确表达获得证书只代表学习者达到了"一定的标准"。职场上对这一新的证书还不知晓。证书的考核机制不够健全,也在一定程度上影响证书的社会认可度。

二、MOOC学习的理论基础

(一) MOOC 发展理论渊源

1. MOOC 发展历史渊源

掌握 MOOC 的学习理论基础、了解教师本身在 MOOC 中的角色,能帮助教师调整心态,以开放的胸怀接受它,实现自我发展。追溯 MOOC 历

史，MOOC 这一术语是由布赖恩·亚历山大（Bryan Alexander）与戴夫·
科米尔（Dave Cormier）在 2008 年提出来的。同年 9 月，乔治·西蒙斯
（George Siemens）和斯蒂芬·唐斯（Stephen Downes）将 MOOC 应用于
"关联主义学习理论和连接知识"这门课程中，刚开始的 MOOC 简称为
cMOOC（the connectivist MOOC）。由于关注的人群仅限于教育技术领域的
人，并没有大规模地发展起来，直到 2012 年斯坦福大学一次成功的 MOOC
试验才真正地引爆 MOOC 风潮，此后 MOOC 在全世界如火如荼地发展起
来，并将 2012 年称为"MOOC 元年"。为了区分于 cMOOC，我们将斯坦
福大学推出的 MOOC 简称为 xMOOC（content – based MOOC）。cMOOC 与
xMOOC 是按照学习理论的不同进行分类的，那么二者有什么不同呢？
cMOOC 是以关联主义理论和网络化学习的开放教育学为基础，它强调创造
性、自主性、社会网络的学习，侧重学习者创造与生成知识。而 xMOOC
是以行为主义、认知主义学习理论为指导，学习方式主要包括了学生学习
教学视频、小组讨论交流、班级汇报交流、教师答疑总结、作业提交、布
置学习小组工作、征求学生对本课程的教学建议和要求、布置下次见面课
的学习任务等步骤，更注重学习者对课程内容的获取和掌握程度，并不是
无中生有地去创造、再生知识，而侧重知识的传播与复制，类似传统的教
学方法在网络上的优化与延伸。它认为学习是通过非正式关系形成的网络
促成的。xMOOC 采用公司化运营的模式，有外部资金的投入，有支持
MOOC 的"三驾马车"——Coursera、edX、Udacity 为其保驾护航，相比于
cMOOC 不温不火的发展趋势，xMOOC 的发展就迅速了很多。不仅如此，
xMOOC 以其丰富的开放学习资源和结构化的课程体系以及系统化的平台支
持服务更胜一筹，并且与以学位教育为主的主流正规高等教育课程接轨。

2. MOOC 建设理论

MOOC 得到迅速发展的主要理论是基于终身教育理念、民主平等的思
想影响。终身教育理念于 1965 年由联合国教科文组织成员保罗·朗格朗
在成人教育促进国际会议期间率先提出，至今已经成为世界各国教育发展
的主要思想。终身教育的理念使人们意识到学校教育只是人生教育的一个

阶段，人们从学校中所获取的知识远远无法满足现实生活的需要，随时需要更新已有的知识结构以适应社会发展的需求。而终身教育的思想不仅能够满足人们对就业、个人兴趣的需求，还能满足人们对高等学历教育或职业资格证书的需求。同样随着社会的发展，人们的思想得到了相应的解放，民主与平等的思想逐步在人们的心中形成共识。MOOC 集合了继续教育、远程教育和网络教育的优点和思想，多方面、多角度、多元化满足了人们对教育的需求。MOOC 的教育理念表现为实现优质教育资源的共享，促使人们转变知识获取的途径，从而在实现教育公平的同时促进了终身教育的发展，满足了更多的人对教育的各种需求。另外，MOOC 得以摆脱传统网络教育的束缚，最主要的原因是云计算、人工智能和大数据的分析技术的成熟，成功地使 MOOC 集视频和交流在一起，实现了交互式的实时互动，这是所有传统的网络课程、远程课程、广播电视大学课程等所不具有的特性。MOOC 的设计理念集中了在线学习、移动互联网、社交服务和大数据分析等优势，突破了传统的视频讲授和交流脱节的局面，这是 MOOC 在技术层面上的理念突破。

（二）MOOC 设计理论

1. 建构主义理论

建构主义的思想最初源于认知加工学说，以及皮亚杰、维果斯基和布鲁纳等人的观点。建构主义学习理论认为："教学不能把知识作为预先决定了的东西教给学生，不要以我们对知识的理解方式来作为学生接收的理由，用社会性的权威去压服学生，学生对知识的接收只能由他们自己来建构完成，以他们自己的经验为背景，来分析知识的合理性，在学习过程中，学生不仅理解新知识，而且对新知识进行分析、检验和批判。"由此而产生出建构主义学习观。建构主义学习观认为，学生的认知结构就是在不断的同化和顺应中，由平衡到不平衡再到新平衡的过程。学习的过程是受教育者以自身原有的知识和经验为基础建构内在心理表征的过程，并且这种建构是无法由他人来代替的。简单理解就是，知识并不是通过教师传递得到的，而是受教育者在一定的情境即社会文化背景下，借助原有的知识和经验，利用一定的学习资料，通过与其他人的互动、沟通、交流等方式而获得的。因此，建构主义学习观注重的是学习者的主动性。建构主义理论在教育界盛行已久，仍充满生机，可以说它是当今全球教育界的主流思想，任何一种基于传统教育的改革似乎都能找到建构主义的影子，当然，在本书中建构主义学习观更是为大学课堂教学改革提供了坚实的理论基础。在建构主义学习观指导下的课堂教学注重发挥学生在学习过程中的主动性，学习不再是机械被动地接收信息，而是自主选择学习资源，在教师的必要辅助与引导下积极主动地建构，培养学生良好的自主学习能力。

2. 关联主义理论

关联主义是西蒙斯于 2005 年提出来的，是互联网时代的学习理论。所谓关联主义，也称为连接主义或联通主义，是将 Connectivism 翻译成中文而得到的。这个学习理论是这样描述的：学习是一个连续的、知识网络形成的过程，知识不只驻留在人类的大脑中，还驻留于人类的人际交互网络中。关联理论借鉴了网络的相关术语——节点、连接、网络，正如邱崇光对关联主义所认为的那样，学习是创建、连接各个知识节点，从而形成一张知识网络的过程。知识节点储存的信息互相交织，阡陌纵横，层出不穷，像盘古开天辟地一样混沌，而且不断自动升级，再经过学习形成新的知识节点和新的网络系统，如此反复循环。在他看来，节点可以是一个信息、一个人、一个程序、一个组织，任何两个节点建立的联系就是连接，网络就是许多节点连接构成的一个大系统。在该网络中，异质节点相较于同质节点拥有不同经历和学习背景的人的加入，可以更加丰富网络的内容，学习信息会更加多样。学习者置身于具有丰富学习资源的环境中，寻找路径进行意义建构加深自己的理解，通过建立不同节点之间的连接，使弱连接变强。每个人掌握的知识不同，在相互交流中能够接触到更多的知识，个人对知识的理解会进入更加深入、个体化的阶段。当个人学习网络发展到一定范围，可以影响更多的周围人群，在交流合作中产生新的节点，实现网络再造。MOOC 的课程资源和学习者都分散在网络上，只有使课程具有较高的开放性程度，参与者达到一定的规模，学习效果才会更好。因此，MOOC 不仅是大量的学习内容和学习者的聚集，教师和学习者也在某个共同话题或者某方面讨论的作用下联系起来。

MOOC 平台是一个真实的网络平台，有庞大网络系统的支持，在这个平台上，学习者的整个学习过程、学习结果都完整地在线呈现出来。课程组织者提供学习资源、安排互动、促进共享，课程学习者自主选择学习主题，开展学习、交流互动，进而形成学习网络。学习者学习时结合自身已有的知识经验以及生活体验，理解并巩固新知识。借助超越时间、空间的网络技术的支持，MOOC 建立起人们之间的社会网络。学习者基于共同兴趣学习同样的主题，在学习与交流中有能力建立超出课程本身的持续的个人以及专业联系。来自不同国家和不同背景的学习者加入学习群体，每个人影响着周围人群，知识、观点在交流共享中实现增多、得到丰富。在课上以及课下的共享中，个体所有的知识网络进一步扩大，影响范围逐步增长。信息流在学习者个体以及学习者群体中双向流动，学习者的知识库处于不断更新中。另外，张秀梅认为关联主义下的学习（即可付诸行动的知识，Actionable Knowledge）也是一个过程，只是不再是创建、连接、形成知识网络的过程，而是迁移的过程，在这个过程中不再讨论节点的问题，将其统一称为核心要素，并且迁移是在我们无意识的情况下发生的，不完全受控制。学习更在乎的是迁移中形成连接的过程。建立的这些连接比自身储备的知识本身还重要，因为通过这些连接可以学到更多的知识，知识是不断增加的，但是一旦连接过程出了问题，即使你有再丰富的知识也无济于事。

3. 行为主义理论

行为主义学习理论的代表斯金纳提出了程序教学理论。在行为主义学习理论中，程序教学强调小步子原则，要求将学习内容分解为小的单元，学习者自定学习步调（学习者自由安排时间）。在课程组织上，学习以周为单位，有特定的学习目标（任务）且设置了最后期限，作业的完成情况一目了然。有教师评价和同伴互评，学生能够获得学习结果的及时反馈，然后进入下一个学习阶段，直到完成学习总任务。

行为主义 MOOC 是高校"勤学苦练"教学模式的延伸，特点是练习与测验，主要以视频展现、小问题以及测验的形式进行。例如，Coursera 课程中提供丰富的视频资源，以知名专家学者针对特定学科的讲授为中心。学生观看视频进行学习，通过测验和小论文的形式展示学习效果。

MOOC 强调合作学习，主张知识存在于学习者之外，学习者通过个人体验来获得知识。学习就是知识内化的过程，它可以引起个体行为的改变。这种理论主要强调学习者个人必须通过自身的行为来获取知识。学习者在学习中选择自己感兴趣的学科，查找资料，听课，完成即时问答和课下作业。学习者在学习之前收集资料，做好充分准备，课上与老师积极互动，课下与其他学习者交流，能够加深对所学知识的理解。课程每周设置一个主题，课程目标细分为一个个小任务，学习者在学习中完成一个个的小任务进而完成总的学习目标。

4. 人本主义理论

当代西方人本主义理论的代表人物是美国心理学家马斯洛和罗杰斯，人本主义强调人的尊严、价值、创造力和自我实现，于 20 世纪五六十年代在美国兴起，七八十年代迅速发展，为教育改革吹来清新之风。人本主义理论认为，教师的任务不是教学生学习知识（行为主义观点），也不是教学生如何学习（认知主义观点），而是为学生提供各种学习的资源，创建良好的促进学习的情景，让学生自主选择学什么、如何学，并在此过程中展现自我，以达到真正的自我实现。罗杰斯强力批判在传统教育中"教师是知识的授权者，而学生只是被动的接受者；教师是权力的象征，而学生只能服从"的观点。在罗杰斯看来，教学活动应把学生放在居中的位置，把学生的自我看作教学的根本要求，所有的教学活动不仅要服从自我的需要，而且也要围绕着自我进行。因此，在具体课堂教学实践中，人本主义理论体现的是人性化的一面，注重的是学生情感、自我价值的实现，倡导以学生为中心的意义学习，把教学活动的重心由教师转向学生，使教师作为辅助者、引导者、促进者，同时强调情感在教学活动中的重要性，也从一定程度上说明了教育者在课堂教学中创设情境的重要性。这些独特观点都为我国大学教学改革带来灵感之光。

5. 学习共同体理论

学习共同体（Learning Community）或译为学习社区，是指一个由学习者及其助学者共同构成的团体，成员彼此之间在学习过程中进行沟通、交流，分享资源与经验，共同完成预期的学习任务。学习共同体的特征是：学习的主体不仅对学习任务有着极大的认可，更重要的是在团体之中有一种浓厚的心理归属感。这种心理上的认同感可以促进成员间团结互助关系的形成，使每个人都积极主动参与学习活动中，在相互启发、交流的氛围中解决问题，实现共同进步。在传统教学中，教师和一些学生在同一教室里进行教育教学实践活动，便很容易形成学习共同体。在本书中，基于MOOC视角，在信息化和国际化的大背景下，在线学习共同体便随之兴起。学生在MOOC平台中学习时可以自发地在同一时间与世界各地的学习者构成在线学习共同体，从而能够及时地与同伴或者助学者共同研究解决在MOOC平台学习中遇到的问题。

6. 最近发展区理论

最近发展区理论是由苏联教育家维果茨基提出的。维果茨基充分肯定教学对学生发展的促进作用，但需要明确学生的两个水平，即现有学习水平和经他人协助可以达到的水平，那么，学生现有的水平与依靠他人启发和帮助能够达到的水平之间的差距就是最近发展区。因此，教育者要想使教育活动高效，就要使教学走在发展的前面，努力创造最近发展区，先学后教。然而这一做法是有前提的，那就是教育者要充分把握好学生的两个发展水平。首先要做到对学生进行动态性的检测评估，了解其现有水平；其次经过分析选择，确定合适的下派目标任务；最后在学生有困难需要帮助时给予适当的点拨，如此以促进学生成功跨越最近发展区，收到良好的教学效果。教育者对学生最近发展区的把握直接决定了课堂教学环节中问题的提出、情景的构建，也就是"教什么"和"怎么教"的问题。

三、本章小结

从本章梳理情况来看，MOOC 虽起源于国外，但在我国也有一定的发展，只是其发展不会一蹴而就，而是需要有一个发展过程，就目前而言，有必要将现阶段高校建设的 MOOC 平台目标群体定位于在校大学生，积累一定的经验后再扩大到对社会公众免费开放，进而为我国的终身教育和全民教育发挥作用；有必要人为干预发挥 MOOC 促进教育公平的作用，向不发达地区倾斜，促进优质教学资源的共享，避免 MOOC 加剧我国的教育资源不均衡；有必要多开设自适应课程，让学生可以随时随地完全按照自己的节奏去学习，不要设置过多的作业，让学生没有压力地去学习。考虑到国内学生的学习任务较重，有必要做好 MOOC 的暑期切入；有必要注意不同类型的高校引入 MOOC 时，采取差异化的实施方案；有必要面对不同学习层次的学习者采用有针对性的策略；有必要探讨 MOOC 多样化的盈利渠道和市场化途径。学分认定、职业教育等都是 MOOC 的潜在盈利模式，政校企要积极合作加快市场化实现速度。另外，MOOC 未来很可能会收费，一定要制定合理价格。总之，当前我国 MOOC 发展还缺乏经验，但不要操之过急，借鉴国外 MOOC 建设的经验，如 edX、Coursera 和英国的 FutureLearn 平台，澳大利亚的 Open2Study，这些平台各具特色，值得我们学习。但是，中国建设 MOOC 一定要创新，不能照搬国外的模式，要探索出中国的 MOOC 模式。

第三章

MOOC 在中国高等教育教学中
应用的 SWOT 分析

　　SWOT 分析方法，也称道斯矩阵分析法，是由美国旧金山大学的管理学教授海因茨·韦里克于 20 世纪 80 年代初在其著作《SWOT 矩阵》中提出的，它是分析外部环境和内部条件等因素、构建 SWOT 矩阵，并制定相应的战略或对策的分析方法。SWOT 中的 S 代表 Strengths 意为优势，W 代表 Weaknesses 意为劣势，O 代表 Opportunities 意为机遇，T 代表 Threats 意为威胁、挑战，合起来即是基于内外部竞争环境和竞争条件下的态势分析。

　　从整体看，SWOT 可以分为 SW 及 OT 两部分：SW 主要用来分析内部条件，OT 主要用来分析外部条件。利用这种方法可以从中找出对自己有利的、值得发扬的因素以及对自己不利的、要避开的因素，发现存在的问题，找出解决办法，并明确以后的发展方向。根据这个分析方法，可以将问题按轻重缓急分类，明确哪些是急需解决的问题，哪些是可以稍微拖后的事情，哪些属于战略目标上的障碍，哪些属于战术上的问题，将这些研究对象列举出来，依照矩阵形式排列，然后把各种因素相互匹配进行系统分析，从中得出一系列相应的结论，而结论通常带有一定的决策性，有利于领导者和管理者做出正确的决策和规划。

　　运用 SWOT 分析方法可以对研究对象所处的情景进行全面、系统、准确的研究，从而根据研究结果制定相应的发展战略、计划以及对策，等等。运用该分析法来分析 MOOC 在我国高等教育中应用的可能性，可使我国在面对全球在线教育的风起云涌之势和有可能稍纵即逝的机遇时，更好地把握机遇和充分迎接 MOOC 带来的巨大挑战。

一、MOOC应用在我国高等教育的优势（S）

MOOC 是近年来出现的一种新型教育学习模式，是技术和教育的革命，它的出现引起整个教育界乃至整个社会的广泛关注。

（一）MOOC 在信息技术创新中的优势

在 MOOC 诞生之前，无线电、计算机、广播教育、电视教育、网络教育都曾风靡一时，特别是网络教育中的网络公开课或远程教育其实已经在技术上实现了大规模的学习者学习和开放在线的课程理念，但这些网络课程并没有在技术上实现大规模的相互参与和实时反馈，而这点才是真正改变大学教学模式和将网络教育与大学校园纳入同一教学时空的关键。MOOC 之所以可能实现这种革命性的突破，就在于信息技术的创新。首先，MOOC 的 edX、Udacity 和 Coursera 三大运行平台构成了一座由计算机网络和大学教育连接的桥梁。其次，MOOC 课程常有成千上万的人在同一学堂，运行互动就会产生大量繁杂的信息数据。这些数据在传统教学中是由大学教授或助教的工作像打分、辅导和讨论等学生学习行为时所产生的，而现在都是由计算机和互联网来完成，也就是由服务器来记录和分析、快速储存、传递和处理数据等通过云计算和人工智能技术来支持。大数据、云计算和人工智能等技术将高等教育从工业化时代带入到数字化时代，而 MOOC 将在线学习、社会服务、大数据分析、移动互联网等概念融为一体，实现大规模的面向实时信息的交流和互动。其技术上的突破首先在于计算机硬件和网络技术的发展，只有硬盘的存储密度和容量、网络传输的流量和速度等取得惊人的增长，大量的数据才能采集、存储和传递。再次，软件和计算机技术的发展，最核心的是云存储和云计算。云存储是通过集群技术，如分布式文件系统、数据压缩技术、存储虚拟化技术、存储网络化管理技术等实现了大容量数据传输，并将多种设备集合起来协同工作，实现结构化数据及文档、图片、视频、音频等的非结构化数据的集中存储和共享，保证了系统的高效稳定运行。云计算则是大数据处理系统利用云计算平台提供的大量计算资源，将庞大的数据自动分析成无数个小的部分，再由庞大系统通过分布式算法分别处理后将结果回传给用户。最后，通过云计算，MOOC 服务提供者可以在数秒内处理数以千万计乃至亿计的信息，这些技术上的突破使得人机关系达到高度的融合，实现了实时交互和大数据驱动。

（二）MOOC 在教育技术创新中的优势

从教育方面来谈，学生与老师之间、学生与学生之间的互动是学习收获增加的最重要的部分，但是在过去的互联视频教学中，学生只是松散地、机械地看视频，走马观花似的完成视频学习，甚至有的学习者无法坚持完整地观看完视频，主要原因归结于师生、生生之间无法很好地沟通交流。现在，由于信息技术的发展，MOOC 建立了由机器自动评测的交互式练习和测验，及时从学习者那里得到反馈，改进甚至突破传统远程教学单项知识传播的局限性，鼓励和引导学生更积极主动地思考，调动学习者的学习积极性，更加有效地提高学习效果，保证了 MOOC 中"大规模"课堂的有效顺利实现。

交互式练习随着信息化的不断更新逐渐向更高级的形态转化，如虚拟实验室、游戏式学习、多媒体课件等，这将进一步提供学习发展空间。因为 MOOC 平台中"大规模"的学习者同时上线，可以加大全世界学习者互相交流、互相沟通的平台，并在该平台上就某一共同研究问题分享自己的分析观点。例如，设计学课程，全世界热爱设计的学习者都可以通过MOOC 平台就教授所教的课程进行交流、分享各自的观点，如有异议，还能实时与教授进行交流，与其他学习者相互学习，这样不仅可以把传统的学习系统涵盖进来，还可以形成一个比传统教室更大的新的学习共同体。

另外，MOOC 与以前的在线视频教育有所不同，它强大的数据捕捉和分析功能能够记录每一位登入学习平台的学习者的动态，并且把大量学习者的在线学习数据汇集成一个大数据库，通过宏观与微观的分析让教师能够及时了解和掌握学生的学习状态，并动态地作出及时的反馈，指导并提供相应的学习资源，不断改进、深化课程教学内容和教学环节设计。

（三）MOOC 在课程教学中的优势

与传统的课堂教学和视频课程相比，在网络信息技术快速创新推动下应运而生的 MOOC 有着先天的优势。例如，对于广大学习者而言，他们不再拘泥于传统大学中既定的课程安排，可以任意选择自己喜欢的课程进行学习，以兴趣为驱动力激发求知欲，建立一个"主动"学习的过程；可利用移动设备、网络技术随时随地展开学习活动，也可借助暂停、倒退等视频功能反复学习课程内容，使学习过程更具灵活性。MOOC 平台上的绝大多数课程均免费，相比于出国留学、在校学习的高昂费用，大幅降低了学习者接受高等教育的成本。

MOOC 虽然发端于在线课程和网络教学，但是与传统意义上的在线课程和大学视频公开课不同。MOOC 的学习过程具有高度互动性，传统的视频教学依然是实体授课的翻版，并没有克服传统教学模式的缺陷，在视频授课中，教师仍然是教学的中心，但 MOOC 强调互动性，这不仅体现在老师与学生之间的沟通，如老师提供在线答疑服务，学生以答题闯关的方式获得听课权，也体现在学生与学生之间的交流，如就某一问题与其他学生进行探讨、互相批改作业等，这些特点都能有效激发学习者的学习兴趣，提升学习质量。MOOC 的学习时间具有片断性，大多数传统的视频课程教学时间持续较长，40 分钟的时长与现行的课堂教学无异，学生注意力难以长时间高度集中，授课质量必然会下降，而 MOOC 课程通过精心提炼教学内容，将讲授内容浓缩为十几分钟的微课程视频，学生可利用零碎的时间进行片断化学习，既遵循了学生的注意力持续规律，又便于学习者充分利用碎片化的时间。另外，MOOC 课程资源丰富、内容完整、形式灵活。

世界上众多知名高校逐渐加入 MOOC 平台，不同语言和文化背景的课程为 MOOC 课程提供了丰富的资源，方便学习者根据自己的兴趣进行课程选择。同时，MOOC 作为一种在线课程开发模式，其在教学设计的过程中会保证课程的完整性，避免了以往网络课程中可能存在的内容不完整、课程不系统的弊病，可以使学习者获得更全面的学习内容。与以往网络课程设计不同的是，MOOC 在教学设计中往往会将讲授的内容细化，做成十几分钟可以讲解完的微课程，一方面，方便学习者在非正式情境下进行学习；另一方面，学习者只有在掌握了一定的课程内容后才可以继续学习，这种任务式的学习方式可以激发学习者的学习兴趣，将学习的过程还给了学习者。

（四）MOOC 在教学模式中的优势

1. 教学环节完整

MOOC 提供的课程教学内容在不断变化和及时更新，有针对性的课堂习题、灵活的交互讨论、多样的考核评估等功能是第一代网络课程所不具备的，这种新的具有完整教学环节的教学模式改变了第一代网络课堂与传统课堂根深蒂固的"老师讲，学生听"的单向教学模式，突出了交流与评估的互动特点。

2. 实现名校资源共享

MOOC 给众多学子创造了听名师名课的机会，要知道能够上得了常春藤院校、北大、清华的人毕竟是少之又少，而 MOOC 的产生，为芸芸学子提供了听名校名师课程的机会，这种方式可以把最优质的教育资源传播到地球的各个角落，并且部分世界名校逐渐开始承认通过 MOOC 课程所获得的学分，实现名校资源共享。

3. 提升教师的教学水平

MOOC 重新定义了学校、老师及学生在整个教学过程中的角色。

MOOC 的出现使得教师们能够足不出户，用比较、借鉴、批判的眼光观摩到大量同行的优质资源，而这些资源基本能克服绝大多数的教研难题。这种在线共享优质教育的方式也能有效缓解欠发达地区优秀教师短缺的问题，而降低教师教研成本、推动教师专业成长也将给教师带来新的机遇，在一定程度上提升教师的教学水平。对很多优秀的教师而言，在 MOOC 面前他们同样也是学生，与学生共同学习 MOOC 优质微视频课程，可以让他们设身处地体验学生的想法，为在教学中实现"以学生为中心"打下基础。正如西方古语所言，"穿着学生的鞋子走路"，通过参与 MOOC 的学习，教师可以接触更多优秀教师的教学方法，所以 MOOC 平台可以说是教师别具一格的教学观摩资源平台。

4. 利于教学要素的联动

MOOC 综合运用关联主义、建构主义、行为主义、学习共同体等理论，相比传统课堂的教学模式，MOOC 课堂教学中的时空转换、学习动机、学习主体、互动模式、课程设计与评价等方面均与之有着本质的区别。MOOC 教学本质上将人的重要性放在第一位，分解传统课堂中一对多互动交流模式中教与学的行为关系，通过互联网的终端服务，重组了基于线上的教学体系，形成虚拟网络中一对一的教学模式，从而达到平台、教师、学习者和学习资源四大要素的联动，这种互动模式是语言学习发生的前提条件。

5. 对学习者的要求相对较低

学习者只需要网络和连接网络的设备，就可以获得 MOOC 的教学资源，而且对学习者的学习时间和空间不做任何限制；同时，由于学习者不需要在学习前获得严格的认证，减少了对学习者学位及学科的要求，可以增强学习者终身学习的能力。

6. MOOC 的评价方式灵活

较之以往的网络教育，MOOC 在评价方式上更为灵活，考虑到学习者分布地域广，MOOC 的评价平台使用自动化的线上学习评价系统，不但学生可以即时收到评价信息，而且教师还可以通过学生互评对学生的学习成果进行评价，激励学生学习。开放的网络互动还为学习者提供了良好的交流平台，方便学习者和教师之间的相互交流。

（五）MOOC 在高等教育中的优势

1. MOOC 共享特性，维护教育公平

教育公平作为社会公平的一个重要方面，是最基本、最重要的公平。尊重每个人平等的受教育权利，保障人人有受教育的机会，推进教育公平是高等教育发展和社会进步的保证。一直以来，由于区域经费、时间、空间、年龄等的限制，众多"高等教育弱势群体"被排斥在高等教育大门之外，而 MOOC 的初衷是帮助学生享受优质高等教育资源，充分自由地发展。学生可以结合自身兴趣以及需要注册的科目，根据课程主题自由选择材料、选择互动方式以及在截止期限前的任何时间上交作业。根据学生学习步调，教师也会适当增加课时、添加额外的背景材料或者删除不直接体现主题的作业，评判标准会依据学生基础不同（如教育程度和经历不同）有所变动。

MOOC 的真正开放使得高等教育的辐射范围扩大，"高等教育弱势群体"的受教育权利得到了保证，可以惠及"非传统弱势学生"，支持特定人群的教育需求，帮助其解决公认需要，形成具体成果的学习。首先，MOOC 课程容纳的人数多，使得可以接触优质高等教育资源的人数增多，各个社会阶层、各个年龄阶段、各种职业身份的人群只要想学，只要注册就可以学习，优质的高等教育资源可以免费获得，所有学生享受一样的教育资源，有平等的受教育机会。其次，MOOC 的虚拟课堂形式使学习者不再需要亲临现场，可以直接在网上学习。传统高等教育模式下，享受国外优质教育资源存在资金要求以及地理位置要求，MOOC 的出现满足了学习者的"留学梦"，使他们不再需要坐飞机飞来飞去，坐在家里听哈佛教授讲课，跨越时空和所有的学生一起互动，这样的场景现在在世界各地每天都在发生。从文献资料中得知三大 MOOC 平台均与知名高校合作，如斯坦福大学、哈佛大学、麻省理工学院等，而对三大平台的课程开设情况，分

析了解到绝大多数课程采用英文授课并且各个课程平台是由来自全世界各大高校的专家教授担任课程教师，传授知识技能，学习者有机会通过课程平台进行名校名师的课程学习，走向国际化。

MOOC 的免费性、开放性以及大规模性刚好弥补传统高等教育的不足，打破了传统高等教育的限制，降低或者消除了原有的进入门槛，扩大了高等教育受众规模，使更多人群能够免费享受优质高等教育资源。无论是身有残疾，经济条件不佳，还是受地理位置限制，都不再是学习者学习的障碍，同时 MOOC 打破了国与国之间的大学教育藩篱和国内高校之间无形的教育阻隔，使得教育资源国际共享的曙光初步展现出来。

从理论上来说，MOOC 的深入开展、共建共享资源建设机制的真正形成可以使教育发达地区、重点高校的优质教师教育资源通过网络、社交平台得以共享和传播，教育欠发达的地区学校可以通过网络平台学习，从而提高落后地区学校的教学水平，这将有助于解决教育资源分配不均的难题，打破重点高校、普通高校和薄弱院校的旧有格局，缩小地区之间、城乡之间和学校之间的教育差距，实现教育公平。

2. 变革教学模式，促进教学改革

MOOC 的出现打破了传统大学的围墙，使教学由封闭走向开放，缔造了一个世界范围内随意进入的大课堂。以大数据和云服务技术作为支撑，收集反映学生学习情况的数据，研究学生如何学习，改善大学的教法以及学法。在这个新课堂中，教学形式多样化，教师和学生关系也发生了改变，新的课堂形式——翻转课堂出现。

（1）教学形式更加多样。相对于传统课堂的教师讲授、学生听课的单调形式，MOOC 课堂更加生动。教学形式多样化，如面对面教学、视频点播、翻转课堂、混合课堂；课程种类多样化，如在线教室、讨论课、实践课。学生是学习的主体，课堂上充分以学生为中心。MOOC 没有标准化的教学内容，学习主题是不确定的、具有高度变化性，一般每周设置一个主题，主要采用探究式学习以及合作学习的方式。每门课程分为十几到二十分钟的视频，其间会弹跳出教师提出的一些问题，课后还有作业。学生可以自己解决和完成，如有疑问可通过论坛、邮箱、Facebook 等渠道进行讨论。学生在观看视频的过程中所记录的在线笔记也会反映在教师的电脑中，教师可以对学生的学习状况有所了解，及时跟进。在该种模式下，学生在学习知识的同时，自身的自主学习能力、协作能力、管理能力都将得到发展提升。

（2）师生角色更加民主。教师由传统课堂的主导者变为学生学习的辅助者和指导者，教师在学习和知识中的绝对权威逐渐减弱，学生与教师之间交流知识，甚至可以质疑教师观点的正确性，教师与学生之间的地位更加民主、平等，作为课程的主要设计者和内容提供者，教师将更加注意课程的设计与编排。MOOC 的开放性极大地拓宽了教师和高校的影响力，一门课程的推出可能传播到世界的任一角落。教师必须注重自身专业知识和教学技能的提高，不然可能会被淘汰，因为学生可以随意选择自己想听的课程，并且可以随时退出。在竞争激烈的局势下，任何一名教师都要争取成为明星教师。在开放性的课堂中，教师将遇到前所未有的挑战，在这种形势下，教师会反思自身的不足，积极提升自己，不断更新自身的知识，从自我满足的状态中清醒。同时，MOOC 课程教学的复杂性离不开教师团队的共同合作，一门课的开设需要授课教师、助教、技术人员等，团队化教学成为趋势。学生从"要我学"变成"我要学"，三个字的变化更加突出学生心态的变化，学生学习的主动性、积极性更强。以学生自主学习能力为核心，学生自定学习主题，自己搜寻材料，自己确定学习的时间、地点以及学习的方式。学生团队在课程过程中发挥重要作用，学生的协作能力、自控能力支撑学习始终。学生的角色发生变化，由传统课堂上的被动学习者变为积极主动探索知识、内化知识的学习者。学生在论坛上寻求帮助、寻求信息、提供帮助、提供信息，由此学生身份可以是寻求帮助者、寻求信息者、提供帮助者、提供信息者。

（3）新的课堂形式——"翻转课堂"出现。传统课堂是由教师板书、书本构成，MOOC 课堂是由电脑连接的虚拟网络构成，有在线课堂、课堂直播互动网、虚拟教师网。MOOC 对传统课堂造成冲击，翻转课堂产生。

翻转课堂最早出现于科罗拉多大学，该大学的生物教授 Andrew P. Martin 要求班级的 80 名学生分成若干个小组解决问题，并要求他们在上课之前说服其他人相信自己答案的正确性。在课上，Martin 教授参与学生的讨论，提出问题，启发学生思考，倾听并帮助解决学生遇到的困难。后来，教学技术的倡导者们将其概括为"翻转"，描述了传统大学课堂讲授预期的翻转，它包括互动参与、及时教学和同行指导。

翻转课堂是与传统课堂相反的形式，许多大学的网上课程突出的是"教"；而 MOOC 模式下的翻转课堂将传统的"课上学习，课后答疑"转换为"课后学习，课上答疑"，更加强调"学"。在翻转课堂中，教师的主要作用是帮助学生解决学习中的困难，由传统课堂的知识传授者变成了学习的促进者和指导者，学生变成积极的学习者与研究者。学生成为学习的主角，教师的主导性减弱，学生的主体性相应加强。学习时间、学习地点、学习内容、学习步调由学生自主确定。翻转课堂是学生高度参与、教师协助的课堂，旨在促进学生在课后自学，最大化利用课堂时间。教师与学生交流更多，针对个体接受能力强弱不同的学生群体，教师可以选择不同的、更加适合学生实际的教学方式。在此模式下，师生、生生关系更和谐，学生参与度更高、学生学习动力更强。

3. 优化教育资源，增进社会服务

高等教育是准公共产品。相对而言，接受过高等教育的工作者在劳动力市场上面临更多样的选择机会。接受高等教育不仅能够提高个人获取稀缺性资源的能力，还可以提高个人将稀缺性资源转化为收入的能力，因而高等教育可以提高受教育者的收入水平，进而提高社会整体收入。

市场经济的迅速发展对劳动者素质和技能的要求越来越高。传统教育方式规模小、人数少，难以满足大众教育的需求，因此教育总供给与教育总需求之间总是存在矛盾。MOOC 为不同群体提供免费课程，丰富的教学资源可以更好地满足各层次人群的教育需求，缓解教育资源供需之间的矛盾。北京大学原校长周其凤在接受采访时谈道："北大是全国人民的北大，作为一所大学，现有的教育承载力决定无法满足所有的青年来北大上学的愿望。但是我希望借助现在科学技术的支撑，让凡是想做北大学生的人都能成为北大的学生。"周校长的这段话很好地表明了 MOOC 在开放优质教育资源、扩大学习者规模方面的重要作用。

MOOC 的宗旨是：满足所有人受教育的需求，让所有人都能够接受教育。MOOC 在实现高等教育大众化与满足民众受教育需求方面发挥着重要作用。MOOC 的服务对象主要包括三大群体：一是失去或者错过接受高等教育机会的人群。在工作和生活之余，他们通过 MOOC 学习知识，继续接受教育。二是毕业生人群。世界飞速发展，知识更新速度加快，毕业生进入社会后需要不断"回炉"学习新的知识，才能紧跟社会发展的需要。三是工作人士。有许多人需要实用的知识，以提高自身的工作能力，各高校作为社会的智力孵化器，应当充分发挥自己优势学科的作用，为社会提供更多、更好的服务。实现优质教育资源的共享，提高教育资源的使用效率，深化知识改革，构建创新型国家，营造学习型社会，构造终身学习体系。MOOC 与自学考试、继续教育的结合可以更好地服务社会，扩大教育辐射范围，提高国民素质，满足民众受教育的要求。

4. 打破教育局限，实现终身教育

"终身教育"这一概念在 1965 年由保罗·郎格朗提出，随后这一概念逐渐完善。其内涵主要包括两点：一是每个人都有发展自己的可能性，要适应社会发展的要求；二是未来的教育应该满足人们生存、发展的需要，并为其实现提供各种渠道。终身教育的最基本思想是：学生是学习的主体，尊重学习者意愿，关注学习者需要，帮助学习者发展。21 世纪是知识经济和网络的时代，知识和技术更新换代的速度加快，任何行业、任何年龄的人员都需要不断学习以解决不同程度的知识老化和贫乏问题，扩充自己的知识，提升自身素质。而终身教育刚好可以满足这些要求，帮助人不断积累知识与更新知识，适应科学技术发展和社会进步的需要。

MOOC 以学习者为中心，从学习者需求和兴趣出发，创建良好的学习环境，提供先进的学习工具，将学习者获取知识的学习欲望转化为具体的学习行为，并根据学习者的基础以及需求定制个性化的学习方案。在轻松友好的学习氛围中，学习者主动学习并内化知识，自发形成学习群体和学习圈，随时随地展开学习，打破性别、年龄、学历等的限制，充分尊重学习者学习的意愿。据统计，就性别而言，男性课程参加者占 88%；就学历层次而言，大学本科参与者占 37%，硕士学位和专科学位各占 28%，高中毕业生比例是 27%；有超过一半的参加者的主要学习目的是获得知识与技能。

MOOC 可以帮助无法享受高等教育资源的人接受优质高等教育，无论是退休的还是经济劣势的，都可以继续发展自己，打破高等教育有一定年龄范围的局限性，延伸高等教育的时间跨度，扩大高等教育的受众群体，不拘泥于特定年龄、特定群体，使高等教育成为一种社会型、普遍性的福利，并且整个过程中师资力量更强，学习者拥有更多的选择且有自由选择的权利。MOOC 具有丰富的教育资源，可以使学习者的学习兴趣以及学习自由得到充分尊重和发挥。MOOC 充分给予所有学习者自由发展自己、提升自己的机会并尊重这一权利。在 MOOC 的环境下，学习者能够切实践行终身教育理念，终身不断地发展。

（六）MOOC 在其他方面中的优势

1. 能够推进教学与评价模式的创新

MOOC 作为一个重大的教育改革潮流，不仅冲击了现有的课堂教学内容与方式，而且在知识传递上比传统的实体课堂更加符合学习科学的规律与要求，让个别化、自主性、互动式教学成为可能。MOOC 的教学方式重新定义了学生与教师的地位和关系，让学生真正成为自主学习者，教师成为学生的引领者和指导者。教学模式的创新促进了学生的自主发展。与传统网络教育相比，MOOC 在评价方式上更为灵活，为了突破学生在学习过程中的时间和空间限制，MOOC 的评价平台使用自动化的在线学习评价，学生可适时快速地得到来自同学和老师的学习评价反馈，在师生间形成良好的学习反馈循环。

2. 强大的大数据分析功能可以有效地反馈教学

信息大数据是基于多源异构、跨域关联的海量数据分析所产生的决策流程、商业模式、科学范式、生活方式和观念形态上的颠覆性变化的总和。大数据分析不再苦苦追求因果关系，而是追求基于海量数据分析的相关关系。基础教育相关方如教师、学生、家长、行政领导、社区、社会都会在教育教学过程中产生海量数据。利用 MOOC 技术的大规模在线网络平台进行数据记录与分析，可从中提取到具有深刻价值的信息，并服务于教育教学实践、行政决策与监管。例如，可以发现学生的学习问题和学习优势，可以发现教师的教学价值取向与思想动态，也可以发现社区、社会价值取向在师生中的潜在影响等。

3. MOOC 使教育知识服务社会

教育是为了让学习者能够增长知识和技能，促进身心全面发展。知识是服务于社会的，课程学习者和课程建设者虽有国界，但知识是没有国界的。从三大平台的注册以及商业运作模式分析结果中可以看出，三大平台注册免费，所有课程学习者免费享受资源。通过风险投资和非营利教育机构的支持来维持平台课程的免费和开放，促使全球更多的学习者可以接触到课程平台提供的知识，能够更好地服务于社会。杜克大学在宣布加入 Coursera 平台时就明确了该平台必然是以支持大学发展、以知识服务社会作为战略目标的。另外，开放的 MOOC 平台能够让学习者不按照传统的教学步骤学习而获得丰富的学习机会，在"美观、形式和功能：对称探索"课程中，教学过程时间表能够让学习者清晰了解整个教学过程从而自由安排学习进度，学习者不需要通过较为烦琐的步骤和较为严格的时间进行课程内容的学习。

对于高等教育的管理者而言，MOOC 可以为学习者提供一些机会，以免费或者收取一定费用等的形式打开高等教育的课程大门。开放的学习、开放的平台、开放的资源、开放的评价共同构成了开放的学习环境，允许更多已经步入社会的学习者返回高校学习进修，并且开放的课程也在不断演变、不断更新。

二、MOOC应用在我国高等教育的劣势（W）

新生事物的产生、发展必定有其不成熟的地方，MOOC 也不例外，本节针对 MOOC 目前在国内的发展现状及发展中面临的问题进行全方面的劣势分析。

（一）MOOC 在我国面临的问题

1. 思维模式僵化，管理体制落后

一方面，某些高校管理者和教师的教育理念落后陈旧，囿于传统的教学模式和教育理念，对 MOOC 这一新的教育模式关注甚少，不希望传统的大学教育模式主流地位受到挑战，固守原有的教育体制，对高等教育新技术和新思想缺乏敏感度。另一方面，高度行政化是中国高校的突出特点，大学的管理者用行政的思维和手段管理高校，忽视高等教育的发展规律和高校办学规律。专家学者的意见则湮没在行政权力之中，这使得 MOOC 课程的开发难以充分体现中国高等教育的真实水准，难以充分挖掘和发挥中国高等教育的潜力。

2. 技术条件落后，优质师资匮乏

MOOC 是以现代科学技术取代传统教师、传统教材的网络课程，虚拟课堂依托的是网络技术、视频技术。学习者学习体验的获得、学习兴趣的浓厚、师生互动的快捷、学习过程的监控以及学习成果的认定等都取决于 MOOC 基础设施建设。基于互联网技术的新型教育形式——MOOC，它的发展离不开网络技术的支撑，互联网的良好运营与维护是 MOOC 发展的技术支持与外部保障，而目前我国 MOOC 发展存在基础设施不健全的问题，主要是网络基础设施不佳、技术人才缺少以及本土 MOOC 平台稀缺。

与发达国家相比，我国的网络基础设施状况不佳，网络运行速度慢。据《2013～2014 年全球竞争力》报道，我国网络速度在全球位于第 118 位。网络速度慢直接制约网络信息传播的速度，影响用户的信息体验，对 MOOC 的传播有着很大的负面影响。在接受在线课程过程中，网络速度过慢影响学习者的学习效果，打击学习者学习的积极性。不过，随着我国 5G 信息技术的不断推广应用，我国网络速度慢的状况将会有明显改善。

技术人才缺少。技术在整个互联网课程的建设与运转中处于核心地位，MOOC 发展过程中涉及许多技术问题，包括信息推送、大数据采集、交互式学习、网络维护等。作为一个系统的工程，管理如此庞大的工程需要专业的团队，课程开发、课程宣传以及后期的运营维护都离不开专业团队的重要作用。我国相关方面的人才比较缺乏，也缺乏优秀的专业团队。

我国 MOOC 平台稀缺，当前我国 MOOC 发展主要是依靠"引进来"的策略。世界上很多国家都陆续开发了具有本国特色的 MOOC 平台，如爱尔兰的 Alison 在线学习系统、英国的 FutureLearn、欧洲国家创建的 Open up Ed。但是，由于我国人口受教育水平不一致，高等教育的内容具有本国独有的特点，决定了我国 MOOC 平台建设的独特性。因此，我国要将"引进来"策略转变为"走出去"战略，建设我国自己的 MOOC 平台是当前迫切的需求。建设中国 MOOC 平台既可以提升我国学习者学习的积极性，也可以向世界传播中国文化，提升我国文化的影响力。

3. 课程内容缺乏竞争力，中国特色文化缺失

MOOC 平台的建立有利于中国积极吸收世界优秀的文化资源，形成东西方文化的良性互动，但是国内知名大学提供的课程与国外著名大学的课程相比，无论是在知名度、影响力还是在教学水平方面都有较大差距，这势必会挤压国内大学在线课程的生存空间。此外，国内大学开发的在线课程忽视对中国传统文化元素的应用、忽视对中国特色文化资源的开发，如中国传统文化与艺术等具有国际竞争优势的课程的开发尚处于起步阶段。

4. 政府财政投入不足，资金短缺严重

完善经费投入机制是 MOOC 持续发展的基本保证。平台建立、技术支

持、运营维护等都需要巨大的资金支持。据不完全统计，作为 MOOC 三驾马车的 Coursera、edX、Udacity 三大运行平台所收到的投资金额均超过千万美元，其他的在线教育平台如 Khan Academy 也收到了比尔及梅琳达·盖茨基金会的 150 万美元和谷歌公司捐赠的 200 万美元基金投入。国外 MOOC 融资渠道多样化，如美国 MOOC 资金的来源包括风险资金进入、社会募捐、基金会赞助等，资金渠道广泛，这说明在国外 MOOC 的发展中，社会资金发挥了重要作用。而我国高等教育经费的主要来源是国家财政拨款、学生学费和校办企业收入，其中，财政拨款是最主要方面。面对庞大的资金需求，仅靠政府财政拨款难以维持，需要引入市场机制。目前，我国的财政教育投入低于发达国家和欠发达国家的平均水平，政府教育投资不足成为我国 MOOC 发展面临的短板。此外，社会资金投入低，我国的基金会以及风险基金发展相对缓慢。资金来源单一，高校仍然是 MOOC 发展的主要责任人。巨额的资金投入使高校不堪其累，资金的有限性制约了高校开发优质 MOOC 课程的步伐。

5. 缺乏新型政策的支持

政策上的支持可为 MOOC 发展提供方向性指导，能够在很大程度上激发 MOOC 的潜力。MOOC 能够扩大教育受众人群，促进教育公平，有助于普及终身教育和建设学习型社会，对我国教育发展、经济增长以及社会进步具有重要的意义。国家政策应该发挥调控、引导以及统筹的作用，及时跟进制定政策，规范 MOOC 发展的轨道。我国 MOOC 虽然已经发展了一段时间，但是相关的法律法规仍存在较大空白。如何在法律上确定 MOOC 应有的地位，将其纳入教育发展规划中，合理地建设、管理、利用 MOOC，发挥政策的组织和杠杆作用是我们现在迫切需要考虑的问题。MOOC 持续发展需要系统的政策框架，包括课程提供者的资质、国内大学与国外 MOOC 机构的合作、MOOC 的融资方案、学分的认定问题、考评制度以及课程的版权保护等方面。随着我国 MOOC 发展进程的加快，政策的制定亟须进行。

6. 学生流失严重，学习效果不佳

教育质量直接影响 MOOC 的未来发展和 MOOC 学习者的学习热情。

MOOC 致力于"将世界上最优质的教育资源传播到世界上最偏远的角落"，但 MOOC 进入中国却并没有受到预期的广泛关注。究其原因是我国 MOOC 课程质量低下，课程退出率较高。2012 年秋季，杜克大学开设的"生物电学"，注册时有 12725 名学习者，只有 345 人参加考试，而通过考试者只有 313 人。MOOC 的学员流失率较高，课程完成率低，这是 MOOC 教学中存在的普遍问题，也是我国 MOOC 发展中存在的现象。影响教育质量的原因有很多，主要有课程、教师以及学生三方面的因素。课程方面，课程本身质量不高。很多课程知识将书本知识生搬硬套到网络上，没有根据网络教学的独特性进行适切性的调整。现今的 MOOC 平台存在很多国外高校的课程，绝大部分使用英语作为授课语言。课程的学习对语言的要求很高，达不到这一要求的学习者由于学习体验不流畅，缺乏学习兴趣甚至放弃课程的学习。教师方面，在讲授时完全照本宣科，缺乏课堂的引导能力与应有的吸引力，单纯地讲或者教，缺少或者没有与学生的互动。部分教师教育技术掌握不熟练，不能适应教育现代化的需求，影响课堂教学效果。好的 MOOC 必然要求教师投入足够多的时间和精力，职业本身也限制了教师投入 MOOC 的程度。学生方面，MOOC 缺少教师的核心作用，其开放性特质决定了学生开展自我导向性学习，自己决定参与的形式以及程度。MOOC 对学习者的多媒体素养有一定要求，与以往面授课程的教与学模式不同、导致学生对 MOOC 的适应性不够、学习方法使用不恰当等。MOOC 课程模式对学生的自主学习能力和自我控制能力有较高要求。学生的自我控制不够，不能主动完成课下的学习与作业，落后于教学进程，导致课程的退出率较高。

7. 校际间合作不足，跨校联盟尚未建立

MOOC 平台强调的是合作而非竞争，重视优质教育资源的共享。2012 年，英国 12 所大学联合发起线上课程资源共享平台，以大学为主体共同打造国际性线上教育品牌；澳大利亚开放大学开始运营在线教育平台，通过颁布课程结业证书进行学习激励。发达国家都在积极探索以大型风险投资公司或互联网企业为依托，通过跨校合作联盟打造 MOOC 平台。反观中国高校，由于校际间信息化水平不均衡，以大学为主体的技术联盟还未建立，校际藩篱并未完全打破，在线课程建设又以政府为主导，MOOC 研发团队各自为战，这都将直接影响 MOOC 开发的质量和投入产出的效益。

8. 宣传力度不足，运作模式单一

在美国等高等教育比较发达的国家，MOOC 模式已经取得巨大的发展，虽然最初不提供学分，也不与学位挂钩，但仍然很受欢迎。这一方面得益于发达国家浓厚的在线学习文化氛围，另一方面也与其巨大的宣传推广力度直接相关，如 edX 就充分利用了 Facebook、Twitter 等社交网络平台进行宣传，提升自身的影响力。反观国内，教育资源建设虽然不断开发了精品课程等诸多项目，但并没有得到很好的推广和应用。此外，当前国内的 MOOC 平台运作主体多为高校或政府教育管理机构，如清华大学的"学堂在线"、上海市教委发起的"上海高校课程中心"等，商业机构参与较少，更鲜有热衷于网络教学的大学教授和学者走出校园，建立 MOOC 开发机构。这与美国的 MOOC 开发模式不同，在运营资金上，由于平台影响力低下及自身的非营利性质，费用也主要由政府、基金会而非投资公司承担。

（二）MOOC 在实际运作当中面临的问题

1. 课程受众问题

虽然 MOOC 具有开放性的特点，学习者不受学历、国界、年龄等条件的限制，均可免费使用 MOOC 学习资源。但是，现有 MOOC 教育资源的提供方多为西方发达国家的知名院校，课程采用全英文授课形式，少有字幕，语言障碍会缩小受众范围。此外，某些课程内容专业性极强且受到西方地域文化特色的限制，不便于理解。也就是说，目前通过 MOOC 平台学习在线课程的人多数是具有良好教育背景的人，学历层次较低的使用者则处于 MOOC 学习的边缘地位，他们虽然知道怎样通过网络技术接触到世界一流教育机构提供的教育资源，但常常缺乏足够的能力充分利用这些优质的在线课程并完成相应的课程学习。语言能力和网络信息技术好的人通过

MOOC 有机会接受到更优质的教育资源，相反则不能通过 MOOC 获取更优质的教育资源，从而拉大了教育差距，这显然不利于充分实现促进教育资源在全球范围内更加公平分配的网络课程建设目标。

2. 课程完成率问题

数据显示，虽然许多 MOOC 课程在推出早期受到了学习者的欢迎，注册人数不断攀升，但最终能够完成课程学习的人数并不多。例如，Coursera 平台的用户量多达 400 多万人，但课程完成率却不到 10%。斯坦福大学提供的"人工智能"课程注册人数在上线之初就呈现出井喷之势，但最终完成课程学习的仅占注册人数的 1/5。在国内，MOOC 课程在线学习的这一特征也非常明显。以上海交通大学为例，"数学之旅"作为其首批上线的 MOOC 课程之一，课程完成率仅为 3%。MOOC 教学毕竟不同于面对面的课堂教学，教师不能通过学生直观的表情、肢体反馈同步调整授课内容、授课进度和讲课节奏，在对 MOOC 在线学习数据缺乏及时分析的情况下，对于课程内容或进度的调整具有明显的滞后性，这就对学生的学习自觉性和学习能力提出了更高的要求，如果学生的自学能力较差，在学习过程中遇到困难就容易放弃退出，从而降低课程的完成率。

3. 教学质量问题

班级规模是影响教学质量的重要因素之一。在传统的大学课堂上，一个班级的学生数量为 100～150 人，研究生阶段的学习更是实行小班教育，以保证授课质量，满足学生个性化发展的需要。而大规模作为 MOOC 课程的一个重要特点，打破了大学课程应该进行"小班化"教学的传统认识。三大平台最新数据显示，Coursera 平台上运行的在线课程为 657 门，edX 平台上运行的课程数量为 205 门，Udcity 平台上运行的课程为 32 门。三大 MOOC 课程平台提供的这些课程，大部分与计算机、软件工程、自然科学密切相关。面对全球庞大的学习人群，课程数量严重不足，学科设置不均衡，导致几万人甚至几十万人同时注册学习同一门课程，必然会降低师生之间的互动性，难以保证学生的学习质量，影响教学效果。此外，课程受众过多也会影响课程的考核和评价，尽管 MOOC 平台已经采取了计算机评估、学生交互考核等办法，但适合理工科类课程的标准化考试方式，对于强调批判性、发散性、整体性思维方式培养的人文社会科学类课程并不合适，缺乏教师参与的考核机制难以真实体现教学质量，在 MOOC 平台中，如何让学生获得个性化、多样化的教学指导值得深入研究。并且，线上课程的教学标准相对于传统课堂而言，其标准是下降的，无法充分激发学生的批判性思考，且学习过程都是在计算机软件上完成，缺乏人与人面对面交流的亲切感，使人感到被孤立。MOOC 始终致力于通过互联网技术平台提供给人们简单、快捷的学习方式，但由于其缺乏人性化，使大多数学习者选择了更为传统的教学方式。

4. 可持续发展问题

作为一个新生事物，MOOC 首先应该解决的是资金运作、盈利模式等事关生存和可持续发展的问题，但大多数 MOOC 课程平台尚未找到合适的运营机制和盈利模式。MOOC 若要保证课程质量、不断提高教学服务水准就必须有雄厚的经济基础，而 MOOC 的学习环节大部分是免费的。当前，维持 MOOC 平台运行的资金一部分源于个人或机构的捐助，如 edX 提出的支持低收入家庭学生在线学习多元化课程计划，其部分资金就由比尔及梅琳达·盖茨基金会无偿捐助。这类捐助在短期内可缓解资金缺口问题，但从长期看仍是杯水车薪，目前大部分成本仍由高校或 MOOC 提供者自己承担，以至于 Coursera 等 MOOC 运营商已开始向用户收费。而如果大范围地对上线课程收取学费，则与 MOOC 最初所提倡的"免费开放"意愿背道而驰，也将严重影响 MOOC 平台的可持续发展。

（三）教师对 MOOC 的质疑

1. 教师对 MOOC 学分的质疑

教师认为在 MOOC 上讲课影响他们履行其他工作义务的时间，并且认为学生通过 MOOC 平台学习难以拿到自己应该获得的正式学分。MOOC 是一种比较松散的、自愿的学习形式，很难持续让学习者产生强烈的学习需求和欲望，所以人们的"惰性"和"娱乐至上"的风气是 MOOC 发展的最大障碍，这是 MOOC 本身很难解决的。众所周知，MOOC 是世界知名大学发起的，并被视为传统面授课的向外推广和延伸。如果学习者们在 MOOC 学堂通过周期性的学习拿到相应的学分且能和文凭挂钩，那么这种需求将会是旺盛的。而指望学习者单纯依靠自己的兴趣、爱好去进行坚持不懈的学习是不现实的，除非学习者能够看到给自己带来的收益或自己非常看重的东西。

2. 教师对 MOOC 教学过程的质疑

教师对 MOOC 的质疑不仅体现在学生修得的正式学分上，还体现在教学过程中，不管是人文学科的教师，还是理工学科的教师，都对 MOOC 教学并不满意。就人文学科方面来说，人文学科的教师对 MOOC 的质疑集中在教学评估环节。文科类的评估模式主要有单项选择、讨论平台、文本注解。哈佛大学的盖瑞·金教授认为，"人文课程在 MOOC 在线教学的设计与实现上远远难于理工类的课程"。正像哈佛校长安德鲁·福斯特提出的质疑一样，现有的评估程序无法准确、客观地评估人文学科的学习效果，因为计算机无法判断不在其程序设计之内的因素。例如，文学类的写作课程关注修辞方面的内容，写作是一门主观判断的方式方法，评判无标准，只能由教师用传统的方法进行评判，多数带有教师的主观判断，这种主观判断属于人的情感因素，它无法改成编号输入计算机程序，且就目前文科类 MOOC 常用的同伴评分方式而言，有些学者专门指出了同伴评分与传统课程常用的同伴评价存在着本质的区别，尤其是不要求评估的打分部分严重缺乏信度，同伴学生往往缺乏动机和能力去做出认真、公正、负责任的判断。因此，这些质疑引申出 MOOC 这一教学方式是否适合人文学科教学的观点。而相对于人文学科 MOOC 教学提出的质疑，理工类学者也对 MOOC 教学提出了不少异议。虽然理工类学科学习的是一些客观的知识要点，计算机可按输入的程序对学习效果进行评估，但理工类如化学、物理等学科以做实验的形式为主，学生通过观看教师做的实验，自己再亲自尝试操作并且从中得出结论。然而，在 MOOC 平台学习时，学习者并不能亲自看到教师做实验，教师甚至会对实验这一环节进行省略，学生根本无法感受实验的作用。因此，对原理性概念或公式只能死记硬背，学习效果和学习质量都较低，这也是理工类学科的学者对 MOOC 平台上的教学方式产生的质疑。

（四）MOOC 对传统高等教育带来阻碍

MOOC 并不是一个完美的产物，它虽然具有大量的优势，如开放、免费、学生主导、成本低廉、没有规模限制、没有门槛等，然而 MOOC 的不足之处同样明显存在：师生互动少、高注册率—低成功率、没有正式的学分认证（只有课程完成证书）、学术诚信问题、评价问题、依靠第三方平台问题等。因此，MOOC 要在高等教育领域进行全方位的推广，让人们全面接受还将会遇到各种各样的障碍，需要经过长期的考验和推敲。

1. 从市场经济角度看

MOOC 的运行原则是遵循市场经济。对依靠互联网和计算机技术作为支撑发展平台的 MOOC 而言，市场经济的波动性造成当前运营形式并不具有可持续性，它的运转需要依靠风险投资和资金支持，而 MOOC 所具有的开放性并不意味着免费。世界知名大学纷纷投身 MOOC 平台的最主要原因是占领市场先机，掌握主动权和话语权。这些著名高校可以从中获得利益，并且增加他们在全球高校中的影响力和声誉。MOOC 容易形成一种"强校愈强，弱校愈弱"的局面。因此，当 MOOC 的资源免费时，MOOC 的投资者所需要的投资回报从何而来，或者 MOOC 将会出现何种新的具有可持续性的商业模式？这是 MOOC 发展中遇到的一个两难抉择。市场经济的自发性可能会导致高等教育的发展超出人们自身能够掌控的境地，教育的规律性和公平性失衡。

2. 从 MOOC 的课程状态看

MOOC 在教学氛围方面无法达到传统大学的效果。这是因为网络教学不能让学生明白和学会在大学校园中集体生活学习的意义，它所能传授给学生的仅仅是书面化的文字理解。从这一方面来说，MOOC 的未来发展还有不确定性，它在给高等教育一个新的发展契机的同时，也引起人们新一轮的思考：MOOC 对高等教育究竟意味着什么？MOOC 所提供的学位模式，是否会造成一些学校出现消亡的危机？从 MOOC 的高注册率—低成功率来看，如何挖掘和维持 MOOC 学习者的兴奋点，如何保证学习者的学习质量和课程进度是 MOOC 的主要难题。MOOC 作为一个新鲜事物和其本身所具有的著名高校的光环，使得学习者趋之若鹜，盲目跟风注册学习课程，导致课程的总选择人数庞大，然而实际真正学完课程的人数不到 1/3。这种高进学—低产出、没有严明纪律约束的学习方式，容易让部分学生养成有始无终的态度，应该引起教育者的思考。

3. 从学术诚信问题看

MOOC 的评价体系缺乏系统的认证。与传统的大学教育相比，MOOC 还没有达到能分辨学习者是否本人学习、作业是否原创、考试是否抄袭的程度。而一切不严谨的学习态度终将导致学术腐败遍地丛生，制造更多的假文凭、假证书和假文章，严重影响学校声誉甚至造成社会不稳定。

（五）降低精英化教育质量

MOOC 所具有的开放性、个性化、资源共享等特点与传统高等教育的精英教育模式格格不入。精英化教育的显著特点是"量少"，以"高、尖、精"为最高标准，以培养学术精英和塑造统治阶层为目标。因而课程与教学形式侧重学术与专业，课程高度结构化和专门化。精英教育理念的主要内容就是大学自治和学术自由。而精英高等教育理念不少源自教育思想中的理性主义，如思辨哲学、唯理论、认知主义、形式教育论、要素主义、永恒主义、人本主义，哲学基础可大致归结为认识论。所以精英化教育注重学习者的道德养成、哲学思维的形成和智能的全面发展。可以说，精英意味着"卓越"，它对质量有着严格的控制标准。相反，MOOC 课程动辄几百人甚至数万人，它对学习者的资质没有要求，不需要选拔与竞争，更没有数量上的限制。学习者可以依据自己的兴趣爱好选择相应的课程，并可以选择自己习惯的学习方式。这完全背离了精英教育模式的要求。MOOC 课程的提供者主要为世界顶尖大学，MOOC 对精英教育的影响主要表现为三点：第一，导致人们对花大精力竞争上名牌大学的热情减弱。越来越多的人可以通过网络注册学习世界顶级课程，因而部分人觉得没有必要进入大学校园学习。第二，分散了精英教育的课程资源，或许导致精英教育质量下降。第三，使得人才结构规模扩大化，精英教育所占有的独特竞争优势减退。

（六）学习者在学习过程中难以得到系统的知识架构

对 MOOC 在教学法方面的问题主要有以下两方面的忧虑：一是对网上学习而言，MOOC 的教学法和组织方式是否正确？这会影响学习者学习的质量和经验。如果 MOOC 想要达到高质量的学习经验，那么需要怎样的新教学法和组织机制？MOOC 被批评为沿用传统的知识灌输模式。本质上，它被认为是在技术环境下开展传统的以教师为中心的教学，这样的系统提供了个体化的学习体验，学习者可以选择通过学习材料和自动化的反馈来学习。但是，这样的系统不提供社会化学习的体验或者个性化的学习指导。Coursera 将课程设计留给了提供课程的高等教育机构，它只提供大的框架性指导。然而，很少有高等教育机构有足够的、对网上教学法有丰富实践经验的教师来开发这样的课程。

二是对高等教育机构而言，MOOC 的质量保证问题是最大的顾虑。在大多数情况下，相比其他网络课程，MOOC 中教师的重要地位尤其是在师生互动中的重要地位很少能够体现出来，这些 MOOC 课程在很大程度上依赖自学，这是与正规教育完全不同的体验。MOOC 开放的本质是吸引那些喜欢并能投入这种学习方式的群体，它需要学习者有较强的自学能力和一定水平的计算机素养，而这影响了教育的普及性和公平性。通常情况下，MOOC 缺少正规的质量保证措施，而弥补这种不足的一种途径就是让学习者和教育工作者对 MOOC 进行评价，并依据这些评价对 MOOC 的质量进行排名。这样，那些评价不高的 MOOC 会由于缺少需求而消失，或者通过不断提高课程质量而存活下来。另外一个值得探讨的方式就是，也许 MOOC 最重要的质量保证和改进形式是让开发者和学习者通过社会媒体（如 Facebook）来表达自己的反思、非正式评价和评论等。并且，由于 MOOC 背景下的学习是学习者在课后自主地选择并学习相应课程的一个个微课视频，在此过程中学习者考虑更多的是自己的兴趣或自我需要。没有硬性的与学习者本人利益相关的过程评价，学习者很容易中途弃学。最终的影响则是学习者本人得不到系统的知识框架，学到的知识是碎片化的。

（七）物质技术条件和师资水平受限，推广渠道不畅

虽然国家在基础教育经费投入上已经大幅度增加，但仍然难以有效改变目前城乡教育资源分配不均匀的问题，特别是高素质教师资源，而这也是教育资源配置中最为关键的问题。就地区而言，东部地区教育资源丰富，中西部地区教育资源相对缺乏。一方面，东部地区教育基础设施齐全，信息设备、软件工具等配置一应俱全，相当一部分学校基本实现了宽带网络的全面覆盖；中西部地区教育基础设施薄弱，推行 MOOC 有一定难度。另一方面，东部地区师资力量雄厚，教师队伍专业化程度高，媒介信息素养高；中西部地区师资短缺、结构性矛盾突出，整体素质偏低。总之，MOOC 并不是完美无缺的，事物所具有的两面性在 MOOC 中同样有所体现。如果 MOOC 的发展得不到很好的指导和规范，可能会出现各种教育问题，从而影响高等教育体系的正常发展。

三、MOOC给我国高等教育带来的机遇（O）

教育部在《教育信息化十年发展规划（2011—2020 年）》中指出，教育信息化的发展要以教育理念创新为先导，以优质教育资源和信息化学习环境建设为基础，以学习方式和教育模式创新为核心，以体制机制和队伍建设为保障，充分发挥教育信息化支撑发展与引领创新的重要作用。

MOOC 作为新的课程开发模式，虽然实践应用时间不长、程度不深，但在政策的推动下，可以有效改变传统的教学模式。

正如培生集团的米切尔·巴伯（Michael Barber）在《雪崩来了》（*An Avalanche Is Coming*）一书中所提到的："今天的形势是数字技术在'逼迫'教学发展，大学在网络课程领域不进则退。"清华大学校长陈吉宁也指出"大规模"在线开放课程的诞生，带来了在线教育的井喷式发展，犹如一场海啸，给传统高等教育带来巨大的震动。因此，MOOC 对我国的高等教育发展而言既是一种机遇又是一种挑战。在我国，高等教育的革命与大学功能的扩展相伴而生，大学阶段将经历从传播知识到创造知识，再到服务社会三种发展阶段，如今面对在线教育 MOOC，它给我国高等教育事业到底会带来哪些机遇？主要表现在以下几个方面：

（一）MOOC 给教师和学生带来的机遇

MOOC 作为一种新型的教学模式，有它自身的优势与局限性，认可并接受它将是促进当今高等教育教学变革的一次千载难逢的机会，MOOC 时代的到来将更加有利于实现高校间优质教育资源的共享，改变传统教学模式并促进教师的专业化发展。

1. 从学生的角度进行 MOOC 的机遇性分析

将 MOOC 引入高等学校在一定程度上会改变我国学生传统的学习方法。在我国，学生从小学到大学接触到的教学模式多是"老师讲，学生听"，而利用 MOOC 学习将是一次学习方法的变革。MOOC 拥有广泛的课程资源，学生进行学习前就要对大量的信息进行筛选，除要浏览自己感兴趣的科目外，更要了解所选修课程的课程内容、教学计划以及所需要的条件等，MOOC 的学习，将开启学生的新视野，增强他们收集信息的能力，更重要的是在 MOOC 学习的过程中，学生可以更有针对性地自主选择学习内容，增强学习的自主性，这样就为学生提供了个性化学习的空间。

2. 从教师的角度进行 MOOC 的机遇性分析

MOOC 的发展使得学生对教师提出了更高的要求，学生在广泛接触

MOOC 后会拓宽自己的视野，接触更多的教学理念、教学内容和教学方法。他们会对自己感兴趣的东西投入更多的时间与精力，这就要求教师要努力开发课程资源，更新教学理念，改进教学方式，革新教学方法，提高专业素质，强化教学技能。MOOC 具有相对完整的教学环节，它有清晰的学习导航、完整的课程大纲、精致的教学设计、灵活的交互讨论。对教师而言，MOOC 是一种新型的提高自己专业化水平的工具，有利于改变我国教师传统的"一块黑板一支笔，一人从头讲到底"的教学观念，重塑民主性教育理念，推动教学范式由"传授"向"学习"转变。

3. 从教学模式进行 MOOC 的机遇性分析

传统的课堂基本都是"教师讲，学生听"的教学模式，以 MOOC 为参照，可以改变这种模式的束缚。传统课堂教学可以增加网络在线的学习方式，教师可以提前准备课堂学习内容的视频，所以不管是课下还是课堂中呈现的视频教学内容都应采用模块化的方式，在视频播放的过程中可以作中断点的处理，添加提问互动环节，提高学生的学习集中度，引导学生进行主动思考。通过课下上传短小精悍的教学视频，可以让学生了解将要学习的课程内容，从而自行利用互联网获得更多的优质教育资源，提前准备课程学习的基础知识。这样，在课堂上教师则可以支配更多的时间进行个性化教学，使用包括 MOOC 在内的开放性教育资源作为"翻转"和"混合式体验"的课程教学模式，有利于启发学生的创造性思维，培养学生的思辨能力，使学生从"填鸭式教学"中解放出来，促进学生在课堂上对所学习的内容进行内化吸收，真正实现"以学生为主体"的教学。

（二）MOOC 促进教育资源扁平化

MOOC 将极大地推动学习型社会的发展，使"终身学习"发展为"终身随时随地优质学习"，在学习的内容、时空、方式等方面促进教育的公平和民主，促使优质教育资源扁平化。目前的几大 MOOC 平台全部由美国顶尖研究型大学创建，其合作伙伴也是世界顶级名牌大学，这将打破不同国家、地区、学校之间存在的知识壁垒和教育鸿沟。优质的教育资源不再是顶尖学校学生享有的专利，它将成为大众都可享有的资源，这将大大促进教育的公平公正，并且 MOOC 不仅提供了优质的教育资源，学生还可以自主选择一所学校的某一门课程，可以挑选某一个适合自己课程的专业教师，包括教师的授课具体内容、授课方式甚至评估方式，这充分体现了教育民主。例如，我国每年都有几十万学生花费巨资前往欧美发达国家去深造，但不一定都能学习到发达国家顶尖学校的知识，而通过 MOOC 平台，学生不必远赴重洋去求学，在家通过互联网就能获得名校名师的优质学习资源。

（三）MOOC 使教育突破时空界限

MOOC 的特征决定了它将能够在时间和空间两个维度上大大扩张学习活动的范围，不同国家、种族，不同经济、文化背景，不同职业，在校或不在校的学生都能同时选修全世界最优质的课程，特别是对于教育中的弱势群体而言，如边远地区的学生、农村学生、经常迁移的学生，还有残障学习者、老年学习者，他们都不必长途跋涉去带有门槛的大学中学习，只需要根据自己的实际情况选择相应的 MOOC 课程。例如，在我国西藏、新疆地区的学习者想学习清华大学的课程，他们不需要亲自去北京的清华大学，只需要一台能够上网的电脑就行。

（四）MOOC 能激发高等教育潜能

MOOC 是由世界顶尖学校的教授们联合创造出来的，并和其他世界顶尖大学合作，在其教师资源、课程设计、技术支持等方面都具有优势，顶尖大学无疑将成为各国 MOOC 事业的主力，这些顶尖大学不仅有着自己高端的教育体系，还可借自己的影响力更深入、彻底地影响其他国家的教育教学内容、资源配置与运作模式。我国教育事业面对的与其说是"MOOC 热"，不如说是一股促进我国高等院校与世界顶尖院校沟通与连接的机会。2013 年 5 月 21 日，清华大学和北京大学宣布正式加盟美国在线教育平台 edX，成为 edX 的首批亚洲高校成员。其后，北京大学又与 Coursera 合作，开放多门课程与全世界学习者分享，继清华大学、北京大学之后，中国多所一流大学也毫不犹豫地加入 MOOC "大家族"中，这种"引进来走出去"模式不仅可以学习到国外顶级大学的教学理念，而且可以把我国的教育思想传送出去，让全世界人民可以更好地了解中国教育，这样就大大地增强和提高了中国教育界在全球教育领域的竞争力和地位。

（五）MOOC 促进高等教育模式的创新

清华大学校长陈吉宁指出："MOOC 的发展前景虽然还有很大的不确定性，但现在情况是，最为敏锐和逐利的风险投资正在大规模涌向在线教育，都想在这一领域抢滩布局。"一场新的互联网投资和创业竞赛刚刚开始，虽然在线教育的商业模式还在探索中，但有可能孕育出新的伟大的互联网企业。因此，我国也必须把握这次 MOOC 商机，开辟一条新的互联网商业模式。随着国外企业纷纷以各种形式进入中国，它们除与国内高校合作外，还与一些大型企业彼此联合共同开拓市场。例如，优酷宣布与在线教育网络 Udacity 达成独家官方合作协议，网易公开课宣布与美国大型公开课 Coursera 正式开展合作等，这样我国企业可以通过与国外企业合作的形式，抢夺商机，创造盈利。而今，我国已自主研发和推出中文的 MOOC——学堂在线。海峡两岸一批名牌大学纷纷加入，畅谈 MOOC 未来。因此，我国企业可从此平台中探索一条独具特色的商业运作模式。其中包括有：①利用网站的高点击率的优势，吸引广告商加盟，通过广告销售赚取利润。②利用 MOOC 的超高人气开发并出售相关产品，如课程光盘、线下辅导等。③当平台初步具备影响力后，吸引国外顶尖大学加入，使其具有全球影响力，到时可考虑将品牌转让给国内或国外大型企业。④利用平台已有的资源，将其出售给某些需要此资源的大学。

（六）高等教育国际化的机遇

高等教育国际化从 20 世纪中期开始一直备受联合国教科文组织的关注，为此联合国成立了国际大学协会（International Association of University，IAU）以促进全球高等教育全球化的发展。我国学者刘道玉认为："高等教育国际化主要包括四点：从质量上说，强调各国要提高大学的水准，使各国大学教育的水平具有可比性，并为国际社会所承认和接受；在空间上，强调大学的开放性，各国都要开放教育市场，既要到国外办学，也要接纳外国在本国办学；在资源上，强调资源的共享性，各国要广泛开展国际教育交流与合作，做到扬长避短、互通有无；在理念上，要不断更新教育理念、教育内容和教学方法，使大学教育不仅要满足国际教育交流与合作的需要，而且还要适应不断变化中的经济社会发展的需要。"

MOOC 的出现具有很强的国际性，具备国际化的四个要点。这是由于 MOOC 的课程组织 Coursera、edX、Udacity 等平台对学员没有国籍的要求，学生只要具备学习的能力都可以注册。当前 MOOC 课程的学习者已经遍布世界上除南极洲以外的各个大洲，并且人数还在不断地增长。随着人类文明的进步，人、物、文化等不再局限在一个村落、一个地区或者一个国家，而是快速地传播到了世界各地。其传播的时间和速度让人惊叹。国际化成为了历史发展的必然趋势。教育作为社会中的重要组成部分，也必然随着民主平等、终身教育、资源共享等思想理念的发展走向全球化。MOOC 的资源共享性是促进高等教育国际化的主要动因。而 MOOC 对高等教育国际化的影响主要表现在以下五点：①从质量上看，MOOC 课程的主要提供者都是世界顶尖学府，课程的教师都是名师，因而可以说课程的质量达到国际认可的标准。②从空间上看，MOOC 课程资源有自由开放性，学习者没有国籍的要求和时空的界限。③从资源上看，MOOC 的资源具有共享性和无条件性。④从理念上看，MOOC 的教育理念具有民主平等、终身教育等思想，而 MOOC 课程的设计理念主要是联通主义和建构主义，强调知识的连接和重构。⑤MOOC 课程的语言具有国际性。MOOC 课程主要使用的是世界通用语言英语。以美国为例，美国的大学强调学生的国际流动，既从全世界招募国际学生，也输送本国学生到国外进行长短期学习。美国耶鲁大学、杜克大学和加州伯克利大学的国际学生比例分别达到17.7%、13.6% 和 9.3%。MOOC 的兴起，急速地扩大了高等教育的国际化。据统计，截至 2012 年 8 月 10 日，上线才 4 个月的 Coursera 就已有超过 100 万的注册学习者，遍及全球 119 个国家，美国占比 38.5%、巴西占比 5.9%、印度占比 5.2%、中国占比 4.2%。这意味着，热衷在 Coursera 求学的中国人已超 4 万。

（七）国际大众化教育的契机

MOOC 课程所具有的开放性、大规模的特点极大地促进了大众化教育的进程。大众化教育的提出者为马丁·特罗（Martin Trow），他在 1962 年首次提出了大众高等教育概念，之后在 1970 年再次提出普及高等教育概念，随后于 1973 年提出高等教育大众化理论，从而形成了完整的高等教育大众化理论。特罗认为，高等教育的毛入学率不超过 15% 属于精英教育阶段，毛入学率大于 15% 不超过 50% 为高等教育大众化阶段，毛入学率大于 50% 的属于高等教育普及化阶段。不可否认，依托计算机和互联网发展起来的远程教育、网络课程等使得大学的毛入学率增加，加速了高等教育的大众化进程。当然，目前 MOOC 课程的发展还处于初步阶段，还没有形成完整的体系与标准。大学没办法承认 MOOC 课程的学分，更多的 MOOC 学习者是因为兴趣爱好而选择 MOOC 课程。随着 MOOC 发展的成熟，更多的大学会承认 MOOC 学习者的成果。MOOC 对大众化教育进程的影响主要表现为：①增加了高等教育的毛入学率。美国加州大学伯克利分校、威斯康星大学等部分大学允许 MOOC 课程与大学学分互换。这样将会使更多的学生愿意通过学习 MOOC 课程来取得大学的学分。②加速一些欠发达国家的高等教育大众化进程。欠发达国家由于经济能力不足，很多学生没有能力支付高昂的学费上大学，而 MOOC 可以让学生得到世界上最好的教育资源。③贫富分化的差距将会缩小。越来越多的学生可以免费或者廉价地得到世界上最好的教育。学生的智力和知识得到增长，将从根本上改变贫穷的根源。

（八）打破传统学习模式的学生数量和年龄结构

MOOC 课程的大规模性意味着对学生的数量没有限制。这打破了传统大学上课时间、空间、地点的限制。2012 年由斯坦福大学的教授在 Coursera 上提供的一门人工智能课程吸引了 190 个国家的 16 万名学生。这对传统大学的课程教学来说简直就是个天文数字，需要大学培养多少年才能到达这个数字呢？可以说，MOOC 课程的学生数量是个无底洞，只要学生愿意，人数是无穷尽的。

MOOC 对学习者的年龄结构没有提出规定性的要求。曾有统计，MOOC 课程的学习者年龄最大的为 76 岁，最小的为 14 岁。而 MOOC 学习者的主要群体是全日制大学生、继续教育者、相关职业者、少部分高中生和教师，其他的为各种在职人员。从参与者来看，MOOC 课程吸引的大多数是中青年人，他们接受新事物的能力强，并容易形成跟风形势。传统大学的学生年龄一般在 30 岁以下，而 MOOC 课程的学习者群体虽然以大比例的学生为主，但是增加了大量的继续教育者，使得学生离开校园以后还有机会继续接受大学教育，进行知识更新和能力培养。因此，MOOC 对学生数量和年龄结构的影响主要表现为：第一，扩大了受教育者的人数，让更多的人有接受优质教育的机会。第二，增加了终身教育人数的比例。第三，上调和优化了学习者的年龄结构，使得大学教育不再是年轻人独有的资源。

如今，MOOC 的学习者来自全球各个地方、各行各业，覆盖 14 岁至 76 岁各个年龄段。据统计，继续学习者占到 50%，大学生占 45%，高中生占 5%。edX 的受众遍及全球五大洲，超过 192 个国家。其中，约 70% 的学生来自美国以外的国家。学习者人数众多的国家分别是美国 27.7%、印度 13%、英国 4.2%、巴西 3.8% 和西班牙 2.7%。

（九）符合高等教育教学改革趋势

MOOC 可以提供低价的、全国高等教育阶段的优质教学资源，可以极大地满足学生学习的需要，这些需求可以促进 MOOC 在我国高等教育阶段的迅速发展。在开放课程建设过程中，要探索将传统课堂与在线教学相结合的混合式教学，促进教师对教学形式的反思以及对教学方法的探索、研究，建立交互式的学习方式，逐步实现教学从知识传授型向探索发现型转变，有效提高课程教学质量。

四、MOOC应用于我国高等教育
所面临的挑战（T）

（一）MOOC 在基础建设中面临的挑战

MOOC 在中国尚处萌芽阶段，各方面都面临着巨大的挑战。首先，从技术方面来讲，中国信息技术发展的水平与世界先进国家相比确实存在着不小的差距。美国是计算机的发源地，其信息技术的颠覆性引爆了互联网时代的革命，这种优势是我国无法比拟的。尽管改革开放以来我国信息技术不断发展，加快了学习世界发达国家信息技术的步伐，也获得了一些研究型学术成果，成立了一些本土的互联网企业，但我们毕竟还是一位学习者，基础不牢，像 MOOC 运用的云计算、云存储、大数据、网络视频技术，我国在这些领域都属于初学者，这种差距不是能在近几年或近十几年赶上的。其次，从学习者方面来讲，他们在使用 MOOC 平台学习时，往往态度散漫，持续性不强，记得就学，不记得就不学，原因是这种学习基本上不存在压力，没有压力就缺乏动力。此外，MOOC 平台上的世界顶尖学校的课程全是英文，这样给我国不懂英文的学习者设置了一道无形的障碍，尤其是我国一些欠发达地区、农村地区的学习者，他们连基本的外语交流能力都没有，更别提学习高端课程，这对于他们而言只能是"听天书"，更糟糕的是在我国一些边远山区根本就没有电脑和互联网，就更不能通过 MOOC 平台上课。最后，从教育工作者方面来看，我国的教育工作者不够敏锐，对于教学的投入不足，精力不足，能力和技术有限，对网络教学的激情不够，无力去探索教育教学的改革，特别是在现行的考评机制下，教师没有驱动力去思考和尝试新的教学方式，我国的"6＋3＋3"教学机制很难动摇。在现有的考评机制下，MOOC 的学位证书不被社会认可，因此我国当下的学习者无法接受这种"只开花不结果"的教育模式。

（二）MOOC 在我国深化拓展所面临的挑战

1. 对资金的需求巨大

国外 MOOC 的快速成长，背后是大量资金的投入。目前，多个国际风投公司均为此投入多笔资金，几个著名 MOOC 提供商的融资都在千万美元以上。由于我国高校刚刚加入 MOOC，基础教育领域的 MOOC 研究与实践也刚刚起步，需要大量的资金支持 MOOC 的发展，如果不能获得大量的资金则是潜在的威胁。

2. 变革的阻力大

来自相关利益群体的阻力不容小觑。在现有应试教育体制下，学校之间的竞争主要体现在升学率上，高水平教师和高质量课程是部分学校竞争优势所在，因此可能存在部分学校不愿分享优质资源的潜在威胁。在基础教育阶段，MOOC 发展的关键是有效地将全国各地名校中最优秀的师资力量调动起来。

3. 对新教育模式的适应性

与传统教学模式相比，MOOC 课程受众扩大并且差异性很大，因此教师要重新审视并改变自己的教学计划，教师的观念和能力可能会跟不上，"翻转课堂"对教师提出的要求更高了，必须重新开发课堂内容，这是一个很大的挑战。对教师来说，第一个任务就是巩固强化知识；第二个任务就是进行知识的系统梳理，因为微视频是一个个零散的知识点，尽管有知识图谱，但并不是所有学生都清楚知识的脉络，因此教师的任务就是把知识串联起来、系统化；第三个任务是进一步拓展深化；第四个任务是探究创新，在课堂上直接完成研究性学习。而学生则要改变过去被动接受知识的习惯，主动地参与新知识学习与构建。这都需要教师和学生用较长时间去适应。

4. "名校课程"效应

根据网易公开课对高等教育在线视频的调查数据，在其所有视频中，"国际高校公开课"和"TED 演讲"最受欢迎，而观看"国内高校公开课"的人数较少。就 MOOC 学习者而言，在有多重选择的情况下，自然更倾向于学习世界名校的名师课程，这其中既和品牌效应有关也和课程的价值有关。这也是世界上几大 MOOC 平台如美国的 Coursera、edX 和 Udacity 均选择与世界顶级学府合作的一大原因。

5. 经济发展水平的制约

全国基础教育发展状况由于地区经济发展水平等条件不同而存在较大差异，因此需结合区域实际发展水平采用不同发展战略。中小学区情、教情差异较大，即便是同一所学校的不同年级、不同班级以及同一个班级的不同学生，其需求都是有差别的，这是不同于高等教育的。因此，当微课资源积累得足够庞大和形成体系时，可以由相关单位统筹管理和维护，实现大规模在线学习。当下宜重点推进的是符合学校或区域需求的小规模限制性在线课程。首先是基础教育发达的沿海地区，这些地区经济发展快，城镇化水平相对较高，经济发展需要教育提供强大的智力支持，同时这些地区有强大的资金实力和极大的思想热情作支持，可尝试采取积极战略，利用优势、抓住机遇，进一步加大资金投入，积极开展基础教育阶段的 MOOC 研究与实践，起好带头示范作用。

(三) 普通高校面临的挑战

MOOC 的运行遵循市场经济的原则。众所周知，欧美少数国家是当今世界的高等教育强国，MOOC 的发展会吸引众多学习者选择这些教育强国的著名大学，这样就可能进一步扩大这些国家高等教育的影响力。名校著名教授开设的 MOOC 明显比地方高校教授的更具吸引力，能够赢得更多学习者的信赖，非高等教育强国的大学就要面临残酷的挑战，如生源不断减少、教师失业甚至整个学校被淘汰。如何保障 MOOC 的教学质量是个难题，MOOC 的交互在线模式和开放理念使它难以保持高标准，与传统的教师在教室里向学生面授课程相比，MOOC 的教师长期对着录制镜头是否会感到厌烦？MOOC 的质量能否与现实中大学开设的课程质量相媲美？毕竟在 MOOC 的学习形式中，师生并未在真实的世界中建立人际网络，教师难以了解学生，兼顾所有学生的授课是不可能的，而学习者众多，也减少了师生个体间交流的机会，优秀的学生被埋没的可能性将增大，同学之间的人际关系得不到拓展，更别说校园的学习氛围带给学生潜移默化的影响。MOOC 是高等教育发展史中的一朵浪花，它是否会给传统教育带来根本性冲击还无法下定论，但确实是高等教育工作者需要进行深层次思考的问题，教育不是一成不变的，从弟子三千到全民教育，教育的理念在更新，教育的手段多样化，我们不要视 MOOC 为"洪水猛兽"，也不要认为有了MOOC 可以高枕无忧，大学中美好的校园生活是不可缺少的，MOOC 更应该是这份美好中的增味剂，我们可以让它与高等教育携手发展，开创高等教育新局面。

（四）传统高等教育模式面临的挑战

MOOC 的发展不断地挑战着传统的高等教育模式，两者在未来必然出现竞争的趋势。正如复旦大学前副校长陆昉认为的："在 MOOC 面前，传统教育模式正在受到挑战。MOOC 这种方式不在于优质资源分享，而在于教学改革，在于新的教学模式的探讨，更重要的是提高我们的教学质量。"随着 MOOC 的不断发展，越来越多的优质资源能够通过网络共享的方式获得。而花费大量的时间和金钱上传统大学的方式让人们觉得意义逐渐降低。因此，在未来的发展中，MOOC 与传统高等教育之间的竞争会随着MOOC 的不断成熟更为激烈。而这些竞争表现在教育的方方面面。

1. 资源的竞争

资源包括人力资源，物力资源和时间、空间资源。人力资源囊括教师、学生、各种技术后勤人员，不管是传统高等教育还是 MOOC 教育，两者的竞争重点都在于拥有优质的教师资源，高质量的教师始终是维持学校发展的唯一标准。澳大利亚前总理吉拉德认为："一个孩子的教育是否成功取决于教师的质量。"因此，对于教育来说不管外在的技术多么娴熟，都没办法完全抛弃教师这一重要的角色。MOOC 当前快速发展的一个主要原因无疑是披上了世界知名学府的外衣，有"狐假虎威"的嫌疑，而MOOC 课程竞争的优势是依靠互联网能够让教师声名远播，让更多学生受惠，实现"桃李满天下"的宏愿，资源的竞争将会成为未来两者的主要竞争点。在物力资源方面，不管是传统的高等教育还是 MOOC 的教育都需要大量的资金投入，两者的不同之处在于传统高等教育对物力的投入具有重复性，相同的课程需要教师年复一年地不断重复投入时间、精力和物力的支持，然而 MOOC 的课程能够被记录下来，具有重复性、无限性，相对应的物力投入具有高效性的特点，所以在物力资源的竞争方面，MOOC 明显相对地优于传统的高等教育。时间、空间资源的竞争可以说是 MOOC 的一大优势，而网络教育的"时空 + 对等性"解放了被时间绑架的人群，在这个网络知识时代，更多的学习者愿意接受这种学习方式。

2. 高等教育市场的竞争

随着 MOOC 的发展，其受众群体不断增加，这些群体不受传统高等教育的各种限制。学生的年龄、学历、种族、肤色、国籍都没有限制，大大地拓展了教育的群体，相对于传统高等教育的主要对象为中青年群体而言，高等教育市场的范围更广、人数更多。然而当前 MOOC 还没形成一个完整的生态链，MOOC 与学历之间没有关联，企业也不认同这种教育，MOOC 的教育质量、课程评价、学生课业考查等都不完善。可以说 MOOC 就像初生的婴儿，传统高等教育就是而立之年的母亲，MOOC 要依靠母亲的抚养才能成长甚至青出于蓝而胜于蓝，而母亲在垂暮之年或许需要仰仗成长起来的婴儿。随着 MOOC 的不断发展壮大，两者的矛盾会不断增加，相互之间的竞争也会更加的激烈。

（五）高校老师面临的挑战

Coursera、edX 及 Udacity 就像三座大山，已经巍然矗立于高校教师面前，这三个平台的课程全部针对高等教育，并且像真正的大学一样，有一套自己的学习和管理系统。以 Coursera 为例，这家公司原本已和美国哥伦比亚大学、普林斯顿大学等全球 33 所学府合作，而 2013 年 2 月，公司宣布有另外 29 所大学加入他们的阵容。Udacity 在课堂中非常重视学生主动解决问题的能力，Udacity 的创办者 Sebastian Thrun 解释说"我们认为寓教于练比寓教于听更重要"，这种形式类似"翻转课堂"。他还认为，"传统大学的学位已经过时，Udacity 将会提供一种全新的终身教育模式，而这更适合时代的市场需求"。2012 年被称为 MOOC 元年，斯坦福大学校长称之为"一场数字海啸"，有可能将传统大学教育全部"冲走"，由此可见高校教师一下子成了被改革的对象，未来何去何从，需要每个高校教师认真反复地思考。面临 MOOC 的挑战，高校教师自己要拓宽思路，转变观念，加强学习，学习新的数字化技术手段，学习 MOOC 有益的教育教学方法，改善学生学习的环境，在教学内容的深化与选择上要更加符合社会的需求，在内容的呈现上要突出视频、动画等综合的感官效果，在教学方法上恰当把握"老师教"与"学生学"的关系，围绕学生学习的效率和效果优化教学流程，加强教师与学生及学生与学生间的互动，重视学生的问题并及时反馈，加强师生之间的情感交流，正确引导学生顺利度过人生的这一重要阶段。另外，适时开展在线教育，制作自己的"微课"，实时在线回答学生的问题，这必将与传统的班级授课制形成互补，也有利于教师时刻把握时代的脉搏，冲在高等教育教学发展的第一线，机遇与挑战并存。只要高等教育工作者能够以积极的心态、开放的姿态去学习新知识、新方法，融会贯通，提高自己的适应性，总能找到一条新的途径更好地履行自己教书育人、服务社会的职责。

1. 教师资源重组的挑战

在网络信息技术的助推下，MOOC 以其泛在、自主、开放、精品、免费、在线等全新教学形态席卷全球。许多国家和地区的顶级大学、顶级博学鸿儒或是主动迎接或是被动驱使，纷纷投入其中。哈佛大学和麻省理工学院宣布推出 MOOC 网站 edX，北京大学、清华大学、香港大学、香港科技大学、日本京都大学、韩国首尔国立大学均宣布加入 edX。成千上万甚至是十几万人共同学习一门名校名师的名课程，这种大规模自主加协作的学习方式正在受到越来越多学习者的追逐。

MOOC 对传统高等教育的颠覆性影响不仅体现在教育教学模式的变革上，甚至可能导致部分教师失业、高校消失的危险局面。例如，一些公共基础通识教育类课程，各高校均开设且内容相似，通常讲授这类课程的教师不是学校专业核心骨干教师，无论是教学还是科研都较难得到学校及社会的支持。与名校名师的名课程相比，这种情况下，学习者自然更倾向于选择在线 MOOC 进行学习了。专业基础课教师及讲授纯理论课程的教师都会面临这样的局面。

2. 教师角色转变的挑战

传统教育模式是"以教师为中心，以教材为中心，以教室为中心"。教师将学习材料作为现成的结论性知识加以传授，学生在课堂中接收教师给出的信息，在学习方式上表现为"接受式学习"，学生与老师之间没有互动，纯粹是单向的知识传递。这种模式忽略了知识习得是在交互与协作中建立起来的本质特征，学生的主动性、分析思辨能力、团队交互协作能力及自主分析能力均未得到培养和提升。

MOOC 教学模式"以学生为中心"，在学习方式上表现为"自助式学习"。教师讲授占学习过程的 30% 左右，其余学习过程通过作业、测评、与老师和同学讨论交流来完成。这种教育有效地实现了教、学、评、测、练、认证、小组、社交的过程。教师在整个教学过程中，从传统的权威式知识传授者转变为知识获取的引领者，组织协调学生参与课堂讨论，激发学生的参与热情，主动地帮助学习者搭建线下学习讨论平台，便于学生自主探索，为学生营造自主学习的环境。

五、本章小结

根据 SWOT 分析我们可以看出，MOOC 作为新兴的在线课程开发模式，是机遇与挑战并存的。MOOC 的发展需要社会各方力量的支持，本书根据分析得出以下三条对策：

第一，加大政策支持，寻求校企合作新模式。MOOC 的发展需要大量基金的支持，除募集公益基金外，还需要提供政策保障，确保 MOOC 的正常发展。同时，MOOC 平台应该进行校企合作，考虑到 MOOC 平台的运行、课程制作的过程中需要大量技术支持，可以为企业输送更具有实践经验的学生，减少企业在人才招募中的风险和成本，同时也可以利用平台达到企业宣传的目的，增加学校和企业的互动，成为资金引进的另一种模式。

第二，提高课程质量，结合我国文化优势进行文化课程设计。国内的学习者在课程选择的过程中，更多地选择了国外的课程，而相对冷落国内的课程，因此在 MOOC 的教学内容设计上，首先应当重视课程质量，避免产生以往公开课中存在的答案式的师生交流情况，增加课程的灵活性和趣味性；其次，应结合我国的文化优势，创新地开设文化类课程，并通过分析学习者需求进行教学设计，制作出具有广泛受众的课程，来推动我国 MOOC 的发展。

第三，加大 MOOC 在学生群体中的宣传力度，发挥学生群体中意见领袖人物的作用。高校学生由于时间较为充裕，和老师、家长的联络相对初高中学生有所减少，在学生群体中，比较有影响力的多为学生群体中的意见领袖人物，而学生群体获取信息的媒介主要是网络平台，随着社交网络的发展，在一个网络群体内，意见领袖的信息发布往往会对该社交群体产生极大的影响，因此，应利用学生群体中意见领袖的影响力，来加大 MOOC 的宣传力度，增加学习者数量，提升对 MOOC 学习的需求。

我国关于 MOOC 的研究刚刚起步，MOOC 对高校的冲击以及对传统教育模式的影响才刚刚开始，如何使 MOOC 促进我国高等教育的发展逐渐成为研究的热点。相信结合我国教育的现状，合理地利用 MOOC，一定能为我国的高等教育发展提供很大的帮助。

第四章

MOOC 与高等教育教师

一、MOOC与高校教师

（一）MOOC 建设的参与者和领导者

高校教师是 MOOC 的引导者和参与者，这与高校教师在传统教学模式中的地位是截然不同的。在传统教育的课程中，高校教师是课程教学的主导者，其课程普遍由大学教师提供，属于教师主导的教学模式。MOOC 作为新型教育模式，高校教师除制作微型教学视频外，还要引导学生参与 MOOC 设计及其考核机制的讨论，也就是说，成功的 MOOC 课程离不开高校教师及教师团队。MOOC 时代的到来也展示着 MOOC 课程实施的必要因素在于教师的引导与参与。MOOC 提倡积极参与和引导学生学习，摒弃传统教学中简单地解读课本的方式，着重强调学生如何发散性地思考问题和解决问题，体现了"授人以鱼不如授人以渔"的观点，以此对传统的"填鸭式"教育模式进行变革。

（二）MOOC 的推动者和发展者

高校教师是 MOOC 的推动者和发展者。传统意义上，教学与科研是高校教师的主要任务，其中，教学任务是教师最基本的职能，教师除传授基本理论知识外，其教学理念、方式、方法等也应随着社会科技、文化、技术的发展逐步完善。MOOC 作为新型教学模式，需要教师具备团队合作精神，由于教师各自的专业特长不一，因此教师之间既要独立工作，又要密切合作。一方面，MOOC 的使用和推广需要占用教师大量的精力和物力；另一方面，高校教师在传授知识过程中，要更新教育理念，积极吸收新鲜事物。

（三）MOOC 与传统教育模式的差异比较

MOOC 是一种新型的网上课程开发模式。它是以过去的那种发布资源、学习管理系统、开放网络资源等综合起来的旧的课程开发模式为基础而发展起来的。通俗地说，MOOC 是大规模的网络开放课程，是由具有分享和协作精神的个人组织发布的、散布于互联网上的开放课程。它既增强了知识的传播又扩大了传播的范围。

MOOC 的优势是非常明显的，呈现信息量大、引导性强是其教学特色，它弥补了传统教学信息量小的缺陷。MOOC 是扩大教师课堂影响力的一大途径，对于优秀的授课老师更是一个很好的展示平台。关于 MOOC 的使用，部分老师不支持 MOOC 教学方式可能是因为自身的教学内容缺乏新颖性，或者不习惯直面媒体的授课形式，然而，MOOC 的核心竞争力仍在于高质量的课程教学，这一点不因教学方法不同而改变。MOOC 课程有其特点，但也存在针对性不强、入学平台低、吸引力不强、课程非实时在线、教师和学生之间不能及时交流、学生讨论不积极等不足之处，如对于一些实践性强的解剖课程，仅通过视频讲解是不能完全阐述清楚的。传统的教学模式是老师讲学生听，存在师生互动少、学生在课堂学习的知识点有限等局限。MOOC 是以网络为平台的教学形式，和传统教学模式相结合，可及时补充课堂教学内容，增强学生学习的主动性。

二、高校教师的基本素质

（一）专业技能

教师的专业性是教师成功从事教学工作所具备的人格特征，或者说适合教学工作的个性倾向。优秀的、创造力强的高校教师的人格特征应该具有以下特点：一是有见识。能从差生中发现有创造才能的学生，并给予悉心指导。二是有面向精神。目标方向感异常强烈、鲜明，对失败泰然处之，勇往直前，淡泊名利，完善自我。三是有敏锐的洞察力和分析力。见微知著，富有预见性，能正确判断学生的发展趋势和未来成就。四是有独立性。不囿于教学的清规戒律，能标新立异。

（二）专业理念

专业理念为教师专业行为提供了理性支点，是否拥有自己所从事工作的职业理念是专业人员和非专业人员的重要差别。对教师而言，专业理念表现为教育理念。教育理念是指教师在对教育工作本质的理解基础上所形成的关于教育的观念和理想信念。教育理念直接或间接地决定、指引或调节教师的教育教学活动，是推动教师专业发展并献身于教育工作的根本动力。浓烈而持续的教育动机和较高的工作积极性是教师做好教育工作的重要前提。很难设想一个对教育工作毫无兴趣、见到学生就心烦的人会努力完成好教育教学工作。专业的行为需要专业的理念指导，只有好的教育理念才能指导好教育的未来发展。专业理念在事物发展的多方面都能起到作用，但要想使专业理念更好地发挥作用就需要明确它的内涵和作用于其他因素的途径。下面重点分析高校教师的专业行为在教育观、学生观和教育活动观方面的体现。

1. 专业理念在教育观上的体现

高校教师要树立现代高等教育观，要从过去只重智育的传统教育观转变为以素质教育为本的新观念，从只关注狭隘的教学课程转向关注学生素质的全面提升，着眼于学生的终身发展，把培养能够适应未来社会发展的人才作为重要的职业工作目标，使学生在掌握现代科学文化知识的同时，培养社会生存、终身学习、自我完善的能力，使每个学生都能获得最全面、最大可能的发展。

教育观可以分为大学观和人才观。高校教师的大学观也就是常说的大学理念。大学理念决定大学发展的方向，是大学之魂。大学，应该是成人的摇篮，大学不仅是培养专业人才的地方，而且是造就人的地方。大学应该能够点亮人的心智，开阔人的境界，给人以健康的精神，使之成为健全的个人。现代大学是人类的精神家园，大学之所以是大学，就是因为它是"大"和"学"——研究范围博大，研究视野广阔。它保存、传递、创造与应用高深知识，使人类因此走向智慧与光明的未来；它胸怀宽广、大器大象，兼容并包，气度恢宏，充溢着一种大象无形的灵性氛围和神圣精神；它是人才的摇篮，也是人类智慧的摇篮。高校教师的大学理念是指他们对自己所在学校的理性认识、理想追求及其形成的教育观念和哲学观点，有了正确的大学理念，高校教师方能在自己的心中对"大学是什么、能做什么"做出理性的回答。高校教师应具备的现代大学理念主要包括国际化理念、创新理念、通才理念、竞争理念、终身学习理念等。高校教师的人才观：我国的高校教师应该树立与时俱进的人才观。与时俱进代表随着时代的发展而发展，把尊重客观规律和发挥人的主观能动性有机结合起来。优胜劣汰的原则使得社会对人才的要求逐渐拔高，因此，学生时代的综合能力培养就显示出其重要的作用，大学时期也是学生形成世界观、人生观、价值观的主要阶段。此外，在经济全球化的背景下，应该意识到我们所培养的学生势必要参与国际化场景中的竞争，必须与时代需求相适应。但是，综合能力的提高需要一支良好的教师队伍作保障，因此在当代高校中，教师树立与时俱进的人才观至关重要。

2. 专业理念在学生观上的体现

高校教师育学观念应该从被动化为主动，将"一言堂"转变成"群言堂"，树立正确的学生观。大学生是高校教育教学活动的主体，已经具备了较高的发展基础和较为复杂的发展背景，是迅速发展中的个体，蕴含着巨大的发展潜能。有学者认为："优秀教师热爱青少年，一心扑在学生身上，承认学生有不同的特征和天赋，并且善于使每个学生都学到知识。他们的成功在于相信人的尊严与价值，相信每个孩子内在的潜能。"因此，高校教师不能把学生看作是消极地被管理的对象和灌输知识的容器，而要把每一个学生都看作是具有创造潜能的主体、具有丰富个性的主体，要树立学生本位思想，坚持主体参与原则，同时要鼓励学生积极参与教育教学活动，培养学生的多种能力，提高其综合素质。

3. 专业理念在教育活动观上的体现

教育活动是学校教育的实践方式，是沟通教育理想"此岸"和学生发展"彼岸"的具有转换功能的"桥梁"，是学校师生生活的核心。新的教育活动观强调其双边共时性、灵活结构性、动态生成性及综合渗透性。教育者的全部智慧与艺术集中显现在对教育活动的设计和创造性的开展上，显现在最充分地调动学生投入的积极性上以及充分展示教育促进人发展的功能性上。

在由师生双方共同参与的活动中，师生之间、学生之间有多种相互作用的方式，这些活动在时态上对师生双方来说具有共时性。学生是独立的个体，在教师的指导下学生逐步地认识和获取所需的知识。课堂活动处于丰富多彩、多层次、多方面的变动态势，而不是一种固定不变的程式。人们常说"教学有法但无定法"，就是说教学过程是有方法可循的，但同是一种方法，因教材内容不同、学生不同、所要达到的教学目的不同，在讲授、运用过程中所表现出来的方式也就不同，具有灵活机动性。在学习活动中，教师要引导学生凭借头脑中已有的知识进行观察、论证并提出解决问题的假设和验证，变传统接受知识的静态过程为学生积极、主动参与学习的动态过程。在学生充分调动起来的课堂上，教师要注意倾听学生的心声，保持课堂的活力，发现学生思维的闪光点，这样才有助于知识从书本形态向生命形态的转化，才有助于增强学生独立思考问题的内在需要。这样的教育活动具有动态生成性。学生的各种素质交叉、渗透在整个教育活动过程中，课堂中心呈多元、变动态势，使显性与隐性并存、有形与渗透同在，使课堂教学活动的"综合渗透性"成为实现人的全面发展的一种高效实用的模式。

高校的教育教学过程实质上就是高校教师协助大学生进行积极的自我建构的过程。在这个过程中，教师的价值在于激发、引导和维持大学生的学习，并为大学生的建构过程提供帮助。所以在教育活动过程中，高校教师要树立民主观念，充分尊重学生的主体地位，主动与学生对话。同时，还要遵循教育、教学活动规律和大学生身心发展规律，针对学生进行创新方面的施教，着力培养学生的创新精神和创新能力。

（三）职业情操

教师的职业情操是教师价值观构建的基石，是优秀教师个性展现的重要因子，亦是教师专业情怀发展成熟的标志以及教师对教育教学的理性评判的感性展露。高校教师的职业情操由理智的情操和道德的情操所组成，理智的情操是对教育功能和作用深刻认识的荣誉感，此外，道德的情操则是对道德职业规范所产生的责任感。从高校教师专业性质和专业化过程的特点来看，高校教师应当具有如下专业情操：

1. 敬业乐业

敬业是高校教师对自己的专业工作表露出由内而外的尊崇与敬爱。任何一位高校教师，都应当首先对教师专业有清晰而独特的了解和认识，怀有强烈的尊严感，只有这样才能建立起坚定的专业信念，才能对社会的各种评价做出正确的、理性的判断。当然，敬业还需乐业。乐业就是高校教师在对自己有正确认识的前提下，对专业工作表现得从容自在、心甘情愿，不为物欲所左右，不为名利所驱使，做到淡泊名利、清高有为。

2. 勤学进取

高校教师是教育者，同时也应当是学习者。只有不断学习，积极进取，才能真正成为知识和文化的化身，才能担当起培育英才的重任。尤其是现代社会的发展，新知识、新观念、新理论不断涌现，高校教师几乎每天都面临着一个新的世界，只有不断勤奋进取，把学习当作自己工作乃至生命中不可缺少的一部分，才能适应时代要求。否则，师生之间赖以建立多种关系的基础就会消失，教师也就不成其为教师了。

3. 负责、参与

高校教师的角色职能决定了其必须有高度的负责精神和参与精神。负责精神的内涵：一是教师要有高度的教育责任感；二是教师要有高度的社会责任感。这种负责精神又必然要求高校教师具有积极的参与精神，即参与学生生活、参与社会生活。

三、高校教师教学方法的现状

（一）讲授型教学法

教授教学法也称传授教学法，此外，还有讲授—接受教学模式的别称。它是指通过教师的系统讲解而使学生获得大量知识的教学模式。该模式是在传统的课堂教学模式基础上逐渐演化而来的，主要用于系统知识、技能的学习。它偏重教师的活动，对学生而言是一种比较被动的接受方式，能使学生在短时间内掌握大量知识。

讲授教学方法是教师主要运用的教学方法，新课程背景下以学生为主体，老师作为引导者提出问题，学生发散思考得出结论。学生获取知识是一个积极思考的过程，而不只是被动接受的过程。新课程背景下的讲授式教学更注重师生之间的互动和学生之间的互动，不再是单向的输入知识，传递知识体现了学生在课堂教学中的主体地位。我们设想一下，如果问题由学生提出是不是更好。当然，如果教师能够引导学生提出问题，将是更好的局面，这时学生一定会有主动学习和研讨的愿望，课堂教学也将会在老师的引导下使学生思维更加活跃，参与度更高，在获取知识的同时，相关能力得到训练、培养和提高。当然，要想形成这样的局面，需要老师积极创设适当的情景，可以结合学生的生活实际，使学生自身的原有经验和认识与新的情景发生矛盾冲突，这样学生便会产生疑问。

在新课程教学中，在确定了以学定教的原则后，需要教师根据学生的情况和基础选择合适的教学方式和教学手段。类似概念的意义、历史文化内涵、数学物理法则等，主要采用讲授式教学方法。此外，有些定义和法则是固定的不容探究，只能运用讲授式教学方法。让学生根据教学创设的情境去自己给出概念的定义，是不恰当的，因为概念定义是运用非常准确、精练和严谨的语言来叙述的。让学生自己去定义岂不是各说各的，而且学生有了先入为主的印象，会对正确地理解和记忆定义产生影响。例如，"负负得正"这个问题，它就不容易用生活来解释，它不好找生活中的解释模型，不好探究，用讲授法就比较合适。究其根源，无非是作为传统教学方法的讲授法早已被人们贴上了"灌输"的标签。随着时代的变化，讲授法逐渐没落，新课程已倡导自主、合作、探究三种新型学习方式。教师运用讲授法把现成的知识教给学生，往往使人产生一种错觉，似乎学生只要认真听讲就可径直地获得知识。而实际上，学生对任何知识的真正掌握都是建立在新旧知识的有机结合和自己的独立思考上的。

（二）问题型教学法

苏联学者赫穆托夫提出问题解决教学模式，而许多学者对问题解决教学模式持有不同的看法，如杜威将问题解决过程分为五个阶段：感觉问题的存在，确定问题的性质，提出各种可能的解决办法，考虑各种办法的可能结果，选择一种解答的方法；波利亚则将其分为四个步骤：理解问题、拟订计划、实行计划、回顾解答；瓦拉斯提出问题解决四阶段：准备、沉思、灵感、验证；布朗斯福特和斯特恩开发了五步问题解决模式：问题识别、问题表征、策略选择、策略应用、结果评价。20 年来，我国广大教育工作者对马氏问题教学模式的一系列操作与改造，形成了现代的"问题解决"教学模式。

问题解决教学模式也被称为抛锚式教学（Anchored Instruction），此类教学在真实事件和真实问题的基础上构建平台，以此来确定真实的事件或问题，"抛锚"是对这种教学模式的形象比喻，当事件或问题被确定，教育的进程及内容也就被确定。建构主义认为，学习者要想完成对所学知识的意义建构，即达到对该知识所反映事物的性质、规律以及该事物与其他事物之间联系的深刻理解，最好的办法是让学习者到现实世界的真实环境中去感受、去体验（即通过获取直接经验来学习），而不是仅仅聆听别人（如教师）关于这种经验的介绍和讲解。关于问题解决模式，我们也可表述为"问题 + 解决"模式，以突出"引领课 + 研讨课"一课两上的特征：第一节课主要为明确问题、思考问题，核心是"问题"；第二节课主要为解决疑难问题、升华知识，核心是"解决"。要对问题进行理解、分析和解决，我们需要以下的理论框架：①学生可以自发向老师和同学寻求帮助，在某些问题境况下进行意义建构获取知识。②问题解决能力的培养为学生学习知识提供动力，而系统的知识体系为问题的解决提供保障。问题解决能力的培养与知识体系的建构两者之间的互补与平衡有助于学生认知结构的完善。③学生和教师是教学活动中能动的角色和要素，师生关系是互为主体、互相依存、互相配合的，师生双方的主体性在教学过程中都应得到发展和发挥。④学生主体作用主要体现在学生的学习活动过程中。⑤教师的主导是主体作用发挥的表现形式，是对教学任务进行科学性认识的体现。

问题解决教学模式的根本特征是学生的学习自主性，是个体经验的获得，是把整个教学过程设计成为学生的学习过程，而不是纯粹的接受学习，提倡老师根据教学内容及要求构建得体适宜的情境，学生们以疑惑的境况为出发点，发现问题并通过一系列的假设、推理、检验的活动而获得问题解决，使学生的兴趣和才能得到自由发展。其中，教师创设问题情境是教学设计的中心环节。在问题情景的引导下，学生收集素材、资料，深思酝酿，提出假设，引发争论，进行批判性思考和实验探究，得出结论，通过应用产生新的问题，使学生思维不断发展、升华。

问题解决教学是一种高效和发展性的教学，这是因为：第一，思维活动产生于问题；第二，解决问题的教学能使学习者拥有确定目标性的思维能力；第三，解决问题的学习（教学）能使学习者在已知知识和未知知识、旧知识和新知识之间作出联系，建立自己的知识系统；第四，学生不仅掌握了科学结论，更为重要的是通过亲身探究和实践参与了知识的发生、形成和发展过程，"像科学家一般"地学习研究，培养了创新精神和创造能力。有证据表明，这样的教学比传统的技能操练式的教学更能使学生对科学知识形成深刻的、结构化的理解，形成自己的、可以迁移的问题解决策略，而且可以对科学有更为积极的兴趣、态度和信念。

此外，从心理学的角度看，问题解决的过程也就是在从已知状态到目标状态的问题解决过程要进行一系列心理操作，其中包括两个部分：①领会与同化。学生要用自己的语言转换命题，并整体地将问题纳入已有的认知结构中去。②寻求策略与验证。思维有跃向结论的倾向，分析解题的过程有助于提高学生寻求策略的能力，各种解题策略的比较与验证更可以增强学生的创造性与批判精神。

上述这些问题解决模式的实质是个体（或学生）在解决问题时所采用的全部可能步骤、阶段或过程，是依据个体（或学生）解决问题时的心理认知程序进行划分的。因此，问题解决模式展现在教学的运用就是问题解决教学模式。

（三）自主型学习法

1. 自主型学习的内涵

自主型学习方法概念众说纷纭，暂未统一。一些学者认为，自主型学习是"在没有教师指导下解决问题",另一些学者则阐释为"学生主观能动的自发活动"。在前者的定义中,自主型学习活动被过分绝对化了,其实在自主型学习活动中教师的作用必然存在,只是相对来说教师的指导作用少些、学生的自主性多些,而不是完全没有教师的指导作用;在后者的阐释中,自主型学习活动过分强调学生的能动性,不能将学生的一切能动的活动说成是自主型学习活动,不能把自主型学习活动与学生能动的自我活动的学习活动等同起来。

叶希波夫指出,自主型学习方法的概念有广义、狭义之分,且有两个特色:一是教师提出问题,并提供适当的时间给学生解决问题;二是问题一旦提出,学生必须尽全力寻求最优的解决方法。自主性的概念只有作为能动的发展的概念才能得到理解。自主性的最高阶段的前提:一是有一定的知识;二是课题、活动的目标可以理解;三是掌握解决方法;四是能根据问题性质选择学习方法,拥有解决问题、发展新方法的能力。

一般来说,学生能正确地将问题及其解决方法结合起来,运用自身已有知识与能力,在没有教师指导的情况下解决问题,我们称之为自主型学习活动。这种自主型学习活动一旦正确加以运用,将促使学生形成生产性、创造性的学习态度。其价值在于组织学生自主的、富有创造性的学习活动,不过在这里,重要的不是学生外表的学习活动的活跃度的增加,而是学习强度的增加和效率的提高。唯有在学生比较独立地解决问题,发挥学生的能动性、创造性时,自主型学习活动才会富有实效。

但是,诚如克林伯格指出的,自我活动性和自主性是处于复杂的辩证关系中的。"通过自我活动发展自主性"这一公式不过是显示了发展的主要方向,并没有固定的分界线。我们必须注意,自我活动性的内容与形式是不断变化的。学生的自我活动性并不是一旦产生便任何时候都不会变化的东西,也不是在一定时候就突然实现,或一定时候一定转化为自主性的东西。初级形式的自我活动总是逐渐地被更复杂更高级的自我活动所取代,所以自我活动性是发展的东西,是历经多年才能成就的东西。我们还必须认识到,作为教育目标形成的人的基础能力自主性,也是变化的,不固定的。

自主型思维与活动能力的发展有种种阶段。自主型思维与活动能力是借助自主型学习与活动的要素纳入教学之中而得到发展，学校要造就出具有出色的自主型能力的人才，那么，这个目的唯有在课堂教学和课外活动中通过多方面的自主型活动训练才能达到。自主型思维与活动的能力是相对学生的自我活动的发展程度发展起来的。自我活动的发展一旦达到某一阶段，就能比较自主地完成学习作业和其他任务。而自主性的发展达到某一阶段就可能出现高水平的自我活动。自主型活动的能力形成越是健全，进行创造型自我活动的可能性越大。

教学中学生的自主型学习活动是他们的业已达至的自我活动性的表现，同时也是他们的自我活动性及自主性进一步发展的手段。因此我们必须激发学生的自我活动性、能动性、创造性，在此基础上组织并发展自主型学习活动，借以进一步发展学生的自我活动性与自主性，形成自主性人格。在这里，体现了自主型学习活动的重要意义。

2. 自主型学习方法对于学业成绩及学习态度的影响

有研究报告表明，自主型学习方法可以提高学生的学业成绩，可以改善学生的"士气"。但是，应当警惕的一点是，单纯地运用自主型学习方法未必能收到良好的学习效果。它只有在方法论上得到指导时才会有效果。自主型学习方法不是我们在课堂教学中对付幼稚方法论的万能药方。教学方法论的研究表明，正确地运用自主型学习方法可以收到下述效果：一是提高对知识的掌握程度。学生自主地探究客体，可以对客体有更自觉、更深刻、更持续的掌握。二是促进学生良好的学习态度与学习心态的形成。笔者的经验是，当学生面临真正的课题时，每一个学生都会一改游移不定的心态，确立扎扎实实的学习态度。三是自主型学习活动的最终表现是出现成绩凝集化（学生之间的成绩差异缩小）现象。在传统受纳型学习占压倒优势的情形下，全班学生的成绩差异显著。而运用自主型学习方法时全班的成绩显著凝集。纵然是在受纳型学习方式中学业发展迟缓的差生，通过自主型学习方式也往往能够有接近优生的成绩。有研究表明，学业成绩落后的主要原因是聚焦在教学方法上。四是学生通过对教学内容（教材）的自主型探究可以提高自主学习的能力，人的能力唯有借助活动才能发展。自主型学习能力也唯有通过自主地思考、自主地活动的自主型学习才能形成。五是自主型学习活动不是仅仅在教学法的范畴中才重要。自主型学习之所以必要，是因为它反映了当代社会的现实要求。现代社会的知识发展迅猛，在学校求学要掌握人类全部的知识已不可能了。即使在学校里获得了最新的知识，这些知识也会很快地老化。因此，在现代，人们必须在学校期间掌握自主学习的能力，才能在自己的一生中不断地获得新知识。

3. 自主型学习活动组织需注意的问题

要提高自主型学习活动的质量，发挥其实际效用，学生从一开始就要掌握自主地解决问题、实现目标的策略或方法，并在最后，总结学习成果和展开实际应用的练习。自主型学习能力唯有通过自主型学习活动才能得到发展。在这个学习过程中重要的是要使学生自身去思索，去琢磨一系列的问题：如何抓住问题与目标，如何探求、发现解决问题并达到目标的策略方法，如何总结、检查、应用学习成果，学会学习的方法。以此来促进学生自发学习，并且提高学习能力和质量。但在实施自主型学习时，需要考虑下述几点：

（1）教学时间或单元的哪一部分适于自主型学习？实施自主型学习要注意：学生须具备自主地学习该单元的前提（知识、能力等），单元内容的难度应当适合自主型学习，使得用于解决问题的时间同所求的结果相匹配。

（2）应当使用哪些学习手段？作为最重要学习材料的教科书可以有多种学习手段，如地图、绘画、模型、标本等。学生可以在一定程度上自主地运用学习手段。可以训练学生在教科书的重要之处画着重线，摘录要点，专题研究，整合、利用好学习笔记，等等。学生自身也可以集中一些学习材料、学习手段。

（3）如何确定课题与分配课题？学生是否真正进入学习状态，能否有效地解决课题，这和确定课题与分配课题密切相关，所以要慎重处理。只有充分、正确地把握了课题、问题，学习才能更有成效。关于这一点，要周密地考虑下述各点：一是在教学时间的哪个阶段运用自主型学习活动才能特别有效。二是经过研究、实践和经验总结后不断完善自主型学习教学。三是学生掌握新知识时用不同方法，灵活运用总结复习、练习、应用、成绩评定等方法。通过课题的确定引发出特别的活动——再生性活动、生产性活动、理论活动、实践活动、个人活动、集体活动等。四是进行课题分配可以是全班学生学习同一课题或是分组学习不同的课题，在教学的第一阶段里要合理编组，进行小组学习时要考虑好是该让所有小组解决同一课题，还是让各组学生解决不同的课题。

（4）在学习过程中将会碰到什么困难？例如，学生需要的帮助。学生在自主型学习中随时会遇到困难，要准备好必要的援助，可以准备必要的学习材料（辞书、资料等），制订周详的作业计划、作业步骤。同学之间互帮互学的情况下，组织学生在完成学习任务中互相交换意见，互相启发，正确地引出结论，抓住本质的东西。

（5）如何评价所得出的结论？批判性地审查和评价结论往往缺乏充足的时间，所以要能准确地得出某一结论，这需要注意到所有学生理解课题时所绝对必要的各个方面。因此，在评价阶段里必须补充并修正学生的一个个成果，使学生获得理解该课题所必需的基本知识。具体操作如下：首先让每个学生提出报告，如由两三名学生向全班报告自己的成果，使他们互相评论、互为补充。所有学生学习同一课题时，这是没有问题的，因为所有学生都能评价这些报告。但在分组布置课题的情形下，要每个学生接受所有课题组的成果是困难的。其次是讨论，就是在学生做报告之后使之讨论，交换见解，教师再向学生提问，审查他们的学习成果。最后是书面作业检查，这是在课业之后，教师让学生回答自己是怎么学习的，今后如何努力。必要时可以布置家庭作业，也可以布置一定的预习作业，作为课外作业。要形成自主、团结、协作的学习集体，就必须组织和发展相互取长补短、共同切磋课题、真正掌握新知的集体讨论、集体思维的学习活动。

　　归纳起来，组织自主型学习活动既要能够提出吸引学生思维的课题，也要组织集体讨论、集体思维，让学生充分发表各自的见解（纵然是错误的认识和见解，也能自由地表达出来），去伪存真，去粗取精，不断引向客观真理。但是，要组织这种共同学习的学习活动，其前提条件就是要同时发展学生的自主学习能力。如果学生没有各自的自主学习能力，那么全班人员尽管围绕着课题的解决发表了各自的见解，相互切磋，共同思考，引出了新的知识和认识，但并不等于他们真正学会了，是勉强为之的，往往是徒具形式的讨论和无准备的饶舌。随着学生各自的自主学习能力的发展，这种集体讨论、集体思维的共同学习活动才有实际展开的可能，他们的实际知识和能力才有可能真正提高，自主、团结、协作的良好的社会、道德行为方式才可能真正形成。要提高这种自主性，需要有以下的条件：一是培养自主的、能动的学习态度，同时有计划地发展各科的知识、能力。二是培养正确地抓住学习课题，明确地把握目标的能力。三是发展解决问题的能力，即探求学习的课题与问题，精通解决的阶段与方法（形成科学概念的方法，科学判断的方法，科学探究的技术方法等），根据课题的不同目标，能自由地切换解决方法，或是自由地发展新的解决方法的能力。也就是说，要培养自主学习能力就得使学生形成能动的学习态度，系统地掌握各科的基本知识与能力，同时，精通学习的阶段与方法，学会组织学习的逻辑与方法。那么，怎样才能实现呢？这就需要组织一定的学习过程——借助学生能动的自我活动，解决学习课题，系统地发展知识、能力，并在这种学习进程中学会学习的方法。学生凭借能动的自我活动去解决学习课题，系统地发展知识与能力的学习过程，并不意味着通过自我实践的经验学习与问题解决学习是一种完全放弃了教师的指导作用。

　　总之，要形成并提高学生的自主学习能力，就得培养学生能动的学习意识和组织有效的学习过程，从而掌握学习的精髓。通过全员积极参与、共同思考、共同探求、共同解决学习课题、共同引出新知的共同学习的过程，无论是学生自主学习活动，还是在教师指导下探讨学习方法的实践过程，都将变得容易。这样，学生各自的自主学习能力提高了，集体讨论、集体思维下共同解决学习课题的质量也会提高。

四、面对MOOC高校教师的教学模式应对策略

（一）新型的教学理念

传统教育模式下，教师教学理念保守，以师为中心，与"育人为本"教育理念背道而驰。课程改革迫在眉睫，教师应该意识到照本宣科的行为不再符合我国主流的教学模式，填鸭式教学模式即将被取代，教师需要主动变革自己的教学形式，需要接受多元化的知识充实自己，尽管这一过程需要花费大量精力，但这是高校教师必须接受的客观事实。当前，高校教师如何定位，如何顺应时代的变化而变化，成为高校教育的突出矛盾。面对MOOC强势来袭，高校教师需要从自身做起，丰富课外知识，与学生共同研习，同时，坦然接受教育改革和新型的教学理念。新型的教育理念体现在：尊重学生，洞察学生的个体差异，有针对性地采取相应的教学策略，倡导以学生为学习主体，鼓励学生自主学习；适应信息时代要求，改变固定的教学内容，重新组织课程知识点，激发学生学习的积极性。

1. 教学理念的更新

新的教学理念的诞生是为指导教师更好地进行教学工作，那么，教师如何执教，如何实现高效教学呢？有人提出，课堂教学师生的双边活动的实质是知识的逻辑链和学生头脑中思维链的相互匹配。教师要想较好地激活学生的主体性，实现课堂教学效果的最优化，就必须选择好思维链和逻辑链两根链条相互匹配的起点，稳扎稳打，层层深入，和谐发展。思维链的产生、发展与完善对于学生能否变被动接受为主动学习来说往往起决定

性作用。而教师应根据学生的程度和进度要求，决定这条逻辑链上哪几环是本节课的教学任务。在教学中，学习知识的多与少、难与易都将受到它的制约，任何形式的一厢情愿都将事与愿违。此外，教师在课堂上的责任往往是需要通过情境的创设、问题的提出、问题的解决与引申（包括应用性练习）来引领与衔接，甚至编织与营造这根原本松散的、多元的、极富个性的思维链条。因此在教学活动中需要明确在什么地方教师引导为主，即逻辑链引领思维链；在什么地方以学生活动为主，即思维链牵引、催生逻辑链。在很大程度上，决定学生兴趣程度的是教学能否遵循"先具体、后抽象；先特殊、后一般"的十二字箴言。因为"具体"、"特殊"才是学生思维的起点。

2. 教学过程的优化

课堂教学可以认为是一种指向性很强的特殊活动，由教师组织的有目的、有计划的学习活动。教师的组织活动既包括讲解、讲述、指导、辅导以及展示、演示，还包括组织各种参观、操作活动，如释疑解惑、激励评价等。凡是有利于学生学习活动开展的手段，教师都应该利用，而教师利用这些方法、途径、媒体的唯一目的就是让学生的学习活动能够真正进行下去，能够收到切实的成效。提高课堂教学效益的教学策略有很多，针对某一节课堂教学应该采用哪些教学策略，则要根据具体教学内容、教学目标、学生情况、资源条件等确定。而树立"追求高效"的反思意识，就需要针对教学现状不断地进行反思和优化。

（1）课后反思策略。反思是进步的阶梯，没有反思就不可能有进步。实现高效教学必须有追求高效的自觉意识，这种意识首先来自对教学的反思。教师要形成课后反思的习惯，每节课后都要反问自己：我的教学是不是"高效"的？教学目标确定得是否准确，预设目标是否都已达成？教学活动设计得是否合理，学生参与的程度如何？使用的教学方法、教学手段是否合适？对课堂上出现的临时问题处理得是否恰当？等等。课后反思既是上一节课的总结，又是下一节课的开始。反思是否及时、透彻，反思后是否能够及时进行调整和修正，是能否逐步提高课堂教学质量、实现高效教学的关键。

（2）过程优化策略。优化教学过程是实现课堂教学"高效"的有效手段，高效教学是优化教学过程的必然结果。优化教学过程要以教学目标为中心。教学活动的设计、教学方式和方法的选择、教学资源的整合、教学手段的使用以及教学活动的开展都必须紧密围绕教学目标并服务于教学目标的达成，这样的教学才可能是优化的。在教学过程中，教师要尽可能地减少与目标达成无关和不利于目标达成的各种因素的产生，创造性地引导各种因素向着有利于教学目标达成的方向发展。

3. 教学研究的开展

在教学研究工作中，教师应该积极参与教学相关的各种教学改革工作。教师做教学研究的问题可以具体从以下四个方面来阐述：什么是研究、为什么研究、研究什么、怎样研究。首先了解什么是研究。教研活动是把教师当成主体，以教学过程中遇到的问题为研究对象来寻求学生的全面发展和老师的不断进步，以专业研究人员为合作伙伴的以校为本的实践性研究活动。教学研究主要讨论、实践有关学生课程建设、教学方法改革等问题，分为学术研究和一线教学实践两方面。如果是讨论某一具体课程则希望通过讨论，对这一类课程乃至更大范围的课程起到借鉴作用。其次是为什么研究。教研活动的主要目的是切实提高全体教师的专业素质，增强教师的课程实践能力。所以，教师教研的基本点必须放在课堂教学和课程改革实施中教师所遇到的实际问题上，着眼点必须放在理论与实际的结合上，切入点必须放在教师教学方式和学生学习方式的转变上，生长点必须放在促进学生发展和教师的自我提升上，在全面实施的基础上深入推进基础教育课程改革。再次是研究什么。教学研究具体可分为：一是以人为对象的教学研究；二是以教学现象及其规律为对象的教学研究；三是以教育存在为对象的教学研究（即教育实践与教育理论）。教学研究的本质是教育研究者对所意识到或预见到的教学问题的探究。教学问题以及教育研究者探究教学问题时所特有的学科视角、研究指向是教学研究区别于其他研究的特质所在。教学问题有如下特点：一是复杂性。由于教学问题来自教育这一复杂的人为事物，因此任何一个教学问题的提出及其解决都被纠结在复杂的因果关系中。二是生成性。教学问题不是教育世界给定的，而是教育研究者生成的。三是社会性。教学问题总是指现有的教育实践与教育理论不能够满足社会发展要求所产生的问题。四是价值性。教学问题不是纯粹的事实性问题，而是价值性问题。五是整合性。任何一个教学问题都很难把它归结为一个性质单一的问题。六是二难性。教学世界中存在着大量的悬而未决的二难教学问题。七是开放性。教学是一个开放系统，所产生的教学问题也具有开放性。最后是怎样研究。如何开展教学研究？作为一名教师，要开展教学研究，就是要做好下列工作：一是加强理论学习，更新教学观念，把握教育规律。教师作为新课程实施的重要主体，在实施中的表现将直接影响整个新课程改革的效果。因此，更新学科教师的教学理念是教研工作的首要任务。二是要上好本学科的每一节课，着眼小问题。教学实践是开展教学研究的平台和土壤。许多教学上的进步往往来自教学中的一个小小的心得，许多在科研上卓有成效的老师也得益于教学实际的锻炼。事实上，对于一个普通老师来说，上好一节课就是一次教研。三是要博览群书，注重平时的反思和积累。随着课程改革的深入，教学内容越来越需要教师具有广博的文化科学知识。博览课外书籍，广泛吸收养分，补充最新知识，是教师增加和更新知识积累，提高教研水平的必经途径。四是要采用一些新型的教研活动形式和方法。教研活动的形式和方法多种多样，除听课、评课和写文章，反思也是教研活动中最普遍、最基本的形式。其实，教学反思的目的是提高教师教学专业水平。教师在当前的课程改革中就采用在课前、课中、课后进行自我反思的方法，从而能够获得不少收益。另外，教研活动是一种集体进行教学研究的活动，教师可以通过参加集体研究，在集体研究的氛围中集大家的智慧于自己一身。进行课题研究也是一种教研活动，教师可以从中学会如何选题、如何控制实验过程、如何结题等。

总而言之，教研活动贵在长期坚持，贵在求真务实，贵在力求高效！教育无小事，留心皆问题。在日常工作中做个"有心人"，经常思考一些问题，碰撞一些理念观点，聚焦一些问题，然后锁定目标，学习钻研有关这一问题的理论知识，尽可能多地拥有关于这一问题的研究资料，可以通过网络、图书特别是一些比较前卫、前沿的学术杂志来实现。教师应该在平时的教学中留意问题、提炼问题，把有价值的问题升华为课题，这是做教学研究的意义所在。再以课题的形式开展研究，深入思考自己提出的问题，拓展延伸，打开思路，开阔视野，海纳百川。然后，潜下心来做好行动研究设计，细化研究步骤，科学分配时间、人力，完成初步设计，最后在实践中不断总结、优化。

（二）准确的教学目标

教学目标是教师教学的重要组成部分，对学生掌握前沿理论知识具有重要指导意义。所制定的教学目标是否合理，能反映教师的专业理论水平。不过从部分教师教案中的教学目标来看，教案中所载的教学目标虽然十分明确，但存在雷同现象，体现在考证的知识点少，缺乏对学生接受能力的考查，也就失去了制定教学目标的意义。如果用三维目标来度量的话，仅实现了知识目标的传递。三维目标包括：知识与技能；过程与方法；情感、态度、价值观。但并不是每一节课都需要做到三维目标。合理的教学目标应该是根据教学内容、学生差异等方面来制定，每一堂课的内容是紧密联系的。无论教学目标如何转变、如何创新，都要有自己明确的方向，只有具有明确的方向，才可以提高教学效率，促进学生全面发展。因此，制定准确的教学目标是高校教师教学研究的重要组成部分。

传统教学目标的主要弊端表现在两个方面：一是表述上的含糊性和描述性，无法观察、测量和具体操作；二是以教学要求代替教学目标，教学目标提出的是对教师教学行为的要求，而不是对学生学习后要达到的学习结果的要求。因此，根据教学目标的表述和心理学观点，再结合知识技能教学结果具有可观测性的特点，对知识技能教学目标的表述提出以下建议：

第一，从学生的视角来看待问题，以此来总结学生的学习成果，教学后应该了解学生会做什么，而不是老师做了什么，将学生当成主体，以学生为出发点，教学的目标表达的是学生为主体，教学目标是教师的教授目标，学生则是学习目标。好的教学目标可以作为教师选择教学方法的依据，也可以成为学生评价自己学习效果有效性的标准。因此，在备课计划用词时，更倾向于"学习目标"的提法，"学习目标"反映的是学生通过学习达到的结果，要使每位学生清楚地知道自己的学习目标是什么。我们提倡教学目标应表述通过学习后学生的行为发生什么变化，如"掌握课程某个核心知识"，表述的就是学生的学习结果。

第二，教学目标表述应力求具体、明确、具有操作性和可测量性，应选择可以观察的动词来描述教学目标，尽量避免用含糊的和不切实际的词语。在传统的教学目标的表述中，经常使用"认识、理解、掌握、领会、把握、培养"等抽象笼统的词语，这是导致教学目标陈述含糊的重要原因。为避免此类事情的发生，要求教师要使用可观察的行为动词来表述教学目标，如"说出、指出、写出、找出、解释、复述、默写、背诵、辨别、区分、比较、使用"等行为动词则对学习的结果作了明确具体的规定，以避免教学目标的含糊性。

第三，教学目标是通过完成一定的任务来实现的，这就要求对完成任务的要求有明确的规定，包括完成任务的时间（如十分钟内）、完成任务的条件或辅助工具（如借助词典、计算器、说明书或通过小组看图讨论）等。

第四，学生学习效果应具体化。要说明学生学习结果应达到的程度，包括熟练程度、准确程度、完整程度等标准，所以其表述常常与"精确到什么程度"、"至少百分之几正确"、"在多少时间内完成"等问题有关，如"能说出四种原因"、"会三种方法"、"至少答对十五道题"。

第五，教学目标设计的注意事项。教学目标需要通过具体的教学设计来展现，在设计教学目标时，应注意以下问题：一是教学目标的设计必须符合学生的实际水平和学习规律。教学目标是学生学习的终点，因此在设计目标时必须考虑学生的起点水平，使起点到目标之间的跨度适当，学生经过努力可以到达终点。对于章节目标难度较大的，应将教学目标进一步分解、分散学习并适当延长课时，以保证学生的学习有效。二是每节课的目标设计应重点突出。在进行目标设计时要对一节课中的各种目标进行权衡，确定主要目标，其他目标尽可能围绕主要目标设计，突出重点，防止由于目标过于分散，影响学习效果。但这不等于可以忽视其他的目标，因为主要目标需要其他目标的支持，其他目标明确合理有利于达到主要目标。另外，对于长期的教学目标可视具体情况决定是否明确列出，但在教学中必须有所体现。三是注意教学目标的层次性。教学目标是有层次和顺序的，应按照层次之间的关系设计。

（三）新颖的教学方式

教师首先是教育专家，也应该是熟练的信息技术应用专家。信息技术给教育带来了新的特性：开放性、共享性、交互性和协作性。信息技术条件下，教师的作用更多地体现为对课程的整体设计、课程资源建设、学习活动组织、学生学习引导、学习环境建构、学生学习评价标准等。然而对于实现启发式、探究式、讨论式、参与式教学，高校教师的信息技术能力至关重要。当前，国家级课程建设者在教学活动设计方面有单一的倾向，即教学与活动相背离，尽管存在有意识引入自主学习、探究学习、合作学习的方式，也仅是为用而用，缺失与教学内容的深度融合。这或许是源于其在新的教育模式下应用信息技术的意识和能力不足。作为教师：首先，要适应信息技术的挑战，掌握网络和计算机软件的操作，提升教学的广度和深度，明晰 MOOC 不是一个技术手段的简单融合。其次，要掌握数字课程教学技能，利用计算机建立课程资源，完善课程教学档案；直面媒体授课，制作数字资源课程；制作适应数字教学要求的微课，采用适当的技术手段实现课程效果最大化；变课堂的讲授者为课堂教学的组织实施者，尤其在组织学生选学网络空间在线课程时做好助教角色，并组织好学生学习与评价。

1. MOOC 与传统视频课区别及其意义

和新型 MOOC 相比，传统视频课主要依靠教师讲解，很难进行修改，而且资源固定，很封闭。而MOOC资源丰富，便于搜索，易于传播，应用范围广泛。在信息化迅速发展的情景下，MOOC已成为任何人都能够使用的教学或学习的媒介，这为学习者和教学者提供了十分便利的平台。首先它将有利于教学效率、教学质量的提高。MOOC可以根据教材、教学的内容，突破时空的限制，保持原有的声音、光线、色彩，将古今中外的文化、艺术、科技及各类知识等如实地再现出来，从而激发学生的极大兴趣和认知力，并有利于他们理解和掌握新的理论知识。MOOC和其他传统视频教学有某些相似之外，更有利于解决学习中的重点和难点，同样以直观生动的感性知识来调动学生听觉、视觉的功能，提高他们的接受能力和理解力。MOOC教师能在较少的时间内抓住教学内容中的要害和难点，用简明扼要的语言，进行生动而深刻的剖析，同时使用视频手段将概念形象化，理论具体化，启发学生集中思考、细心观察，让学生在较短的时间内获得知识精髓，从而达到事半功倍的效果，这便是MOOC的特点。此外MOOC的资料便于储存和交流，有些重要的教学资源、学术成果等可以长期留存，若干年后仍有重要的参考价值，此外教学中有创新意义的理论知识、科研成果等，校与校之间可以相互参阅，相互切磋，相互学习，从而起到共同提高的目的。

2. MOOC视频制作流程

根据教学设计要求，MOOC虽然时间长短不一，但是也需要进行良好的教学设计。良好的MOOC应该是井然有序的，杂乱无章而随意的MOOC与课程理念相违背。同时教学设计一定要以教学大纲所提出的教学目的要求为准则，与学生的年龄、特征、文化程度相符合，所以视频制作人员要和主讲教师沟通，共同设计一段视频的录制方案。关于封面与首页设计，最好采用PPT的首页作为封面，这样可以一目了然地知道知识点与作者。在设置过程中也可作为视频的片头。第一张PPT作为MOOC的"脸面"：如果是系列MOOC，可以在这里说明，要求老师只能制作16：9的PPT，并在PPT右侧留出30%的空白，以便老师在授课时和PPT画面浑然一体。另外PPT背景就好似一张纸，色彩要淡雅，便于烘托字体，背景的颜色一定不能太过鲜艳，否则不仅反衬出内容的苍白无力，而且使人感到喧宾夺主，眼花缭乱，影响整体的效果。

针对录制的硬件要求，本书主要采用的是使用数码摄像机在演播室拍摄液晶、背投大屏幕的方法来制作 MOOC 视频。制作流程大致为：视频制作人员参与教师教案设计以及共同制作课件—教学实施与拍摄—后期制作。而录播过程中，对隔音和声音的混响消减要求非常高，录播室要有专业的隔音加吸音的材料比较好。必须运用高清摄像机，如索尼 PMW－EX280、HVR－Z7C 等，使得拍摄画质清晰出众，质感强烈，同时建议采用储存卡录制，避免视频信号衰减；采用 110 英寸手写互动大屏幕（液晶、背投），同时运用高清 1080P 课件转码，对教学课件进行压缩、剪辑、特效、字幕设计等。其大屏幕外屏应具备磁控溅射镀膜；背投的内屏特性要求光学成像硬幕；无太阳光斑，不反光，无阴影；可视角度为垂直 178度、水平 178 度；分辨率为 1920×1080～4096×4096；等等。此外，演播室灯光布置：大屏幕两侧一米距离成 45 度设两个辅助光，摄像机前一米成90 度设两个辅助光（光源一定要高于摄像机位）。大屏幕显示宽高比为 16∶9，摄像机也采用 16∶9 的画面格式摄制，大屏幕对比度为 500000∶1，大屏幕显示色彩为全彩 10.7 亿色。

录制与剪修录制也应注意：录制背景为教师以及教师制作的 PPT，以及动画视频，不要出现其他杂物。教师在大屏幕一侧，控制主要活动范围。声音大小合理，摄像角度居中。录制时调整大屏幕分辨率为 1920×1080～4096×4096，颜色位数为 16 位。同时要固定机位、固定手动焦距，这一点非常重要，保证视频镜头不出现虚的画面。如果是录播室以外的视频，如实验、实训、室外，均采用顺光拍摄，室内可采用补光法拍摄。

后期制作的原则推荐 Final·Cut Pro 和 EDIUS7 两款非编软件，因为我们已经到了数字高清时代，这两款软件具备稳定的制作系统，可以高效率、高品质地完成大量视频节目制作。如果声音太小或太大可以适当调整。视频尺寸一般为 640×480 或 320×240，视频格式为 FLV、MP4 等，音频最好采用 MP3 格式。

（四）明确的教师定位

1. 时代带来的师生角色转变

信息化发展对教师提出了更高的要求。翻开中国传统教育的历史，"天地君亲师"，教师这一职业被列入神牌，供人们顶礼膜拜。由此可知，我国的师生关系是长期处于"教师为中心"范式下的，所谓"一日为师，终身为父"。在此范式下，学生对教师必须绝对服从。然而，将教师职业神圣化是农耕经济社会文明传承方式的单一性决定的，在今天这个信息化的社会里，教师职业的神圣性逐渐消失，教师职业成为社会众多平凡职业中的一种。应该说，教师告别神坛是社会发展的必然，是社会进步的表现。长久以来，教师的角色被定位于"传道、授业、解惑"，人们之所以用"人类灵魂的工程师"、"红烛"等来比喻教师，实际上是将教师作为一个道德角色来讨论。过去，人们赞扬教师，是因为教师为社会和别人作出了贡献，正所谓"春蚕到死丝方尽，蜡炬成灰泪始干"。但是，这种在传统观念下的角色定位并不能满足教师个性化的专业发展愿望。教师由"师长"向"促进者"转变。教师以促进学生的学习为主要任务，而不局限于指导作用。在传统教学模式中，高校教师通常在课堂上与学生交流，为学生制定的教学目标是宏观的，很少落实到具体层面。受 MOOC 的影响，传统的教学模式已不能满足学生获取多元化知识的要求，普遍的现象是学生更愿意投入到 MOOC 的课程学习中，导致这一结果的原因在于高校教师不能及时与学生交流。因此，高校教师的角色定位成为突出问题。作为学生的良师益友，为解决这一问题，高校教师需要做到以下几点：根据学生个性情况，帮助学生制定学习目标；创造愉快的课堂氛围，调动学生学习的积极性；培养学生形成正确的学习方法，掌握自主学习的方法；教师与学生一起参与学习，与学生平等相处，教师让学生了解自己想法的同时，聆听学生的诉求，以平等宽容的交流语境，促使学生融入课堂学习中；教师坦然接受学生的质疑，承认自己的不足和错误。

教师由导师到益友的转变可以使课堂的氛围变得轻松愉快。教师的一个微笑、一声鼓励都可成为学生学习的动力。教师与学生交朋友，学生才会信任你，才会向你敞开心扉。教师只有尊重学生，才会获得学生的尊重，在社会变革的大背景下，随着教师专业化的发展，教师的角色定位问题显得尤为重要。事实上，教师专业自主以及教师角色的变化直接影响教师专业化发展的程度。西方近代教育理论的奠基者夸美纽斯对教师是"太阳底下最光辉的职业"的赞美，使许多教师沉浸在自豪之中。关于教师的种种比喻虽然各具特色，但都与新课程改革赋予教师的时代内涵相距甚远。人们都说，教师职业是"春蚕到死丝方尽，蜡炬成灰泪始干"。殊不知，这些赞誉在无形之中给教师群体施加了巨大的压力，对教师的角色转变也带来不良影响。

2. 教改对教师的新要求

新一轮教育课程改革不仅对教师提出了新要求，赋予教师新的历史重任，同时也为教师的发展提供了广阔的空间和舞台。当我们以新的理念去看待今天的师生关系，就不再是"以一桶水倒满一杯水"的单一的知识传授关系了。教师应该成为学生的交流者、互动者与合作者，要与学生之间真正形成一种平等、理解、双向的互动关系。师生关系的核心是把教师和学生看成真正意义上的"人"。

的确，在许多人看来，教师是"每一个人生命中最初的灯火"。教师的贡献理所当然应当得到社会的尊重。尽管如此，人们对教师自身发展的需求却很少给予关注。久而久之，教师就成为"教书匠"了。今天的教育与传统的教育已经有了根本的不同，已经成为现代社会开发人力资源的重要途径，尤其是在现代认知科学、信息科学等学科发展的推动下，教师的工作越来越成为高度复杂的创造性工作，成为具有自己独特职业特征的不可替代的专业活动，"教师专业化"就是这样一种变化的概括与反映。在"以人为本"理念的召唤下，学校要真正落实学生的全面发展，就必须积极推动教师的专业发展。如前所述，"师道尊严"的时代离我们早已久远，处在基础教育改革全面推进的今天，我们又该怎样去认识教师的角色，从而促进教师的专业发展呢？今天的教师在"一切为了每一位学生的发展"

的同时，要增强自我发展的意识，实现自身的人生价值。当然，教师的发展也需要激励。首先，学校要尽可能在外部环境上改善教师的学习、工作和生活条件。有不少学者呼吁"教师也是人"，作为个体的人，教师也有很多需要——关爱、尊重、发展。其次，对于教师来说，更注重精神上的满足。要满足教师的内在需求，学校应该从专业成长的角度去关心教师的成长，让教师通过"反思、研究、学习、交流、实践"等自主发展途径，不断认识自我，提升自我，完善自我。只有这样，教师的成长才能高远。

五、本章小结

教师作为一种职业，如同医生、律师、会计一样，应该有其特定的职业标准，如职业道德、职业态度和职业能力等。从这个意义上说，"教师就是教师"。William Doll 对教师角色的界定是"平等中的首席"（First Among Equals），教师的作用没有被抛弃，而是得以重新建构。教师与学生是一对互相依赖的生命，是一对共同成长的伙伴。没有教师的快乐，就没有学生的快乐；没有教师潜力的开发，就没有学生潜力的开发。教师不发展，就会出现教师的"平庸化现象"。

教师"平庸化现象"已经成为教师专业生涯的"头号杀手"。但大多数人并非一开始就出现这种情况，而是因为他们长期处于"文化不自觉"中，习惯于"教书匠"的角色，习惯于按照上级指定要求行事，在工作中没有追求，没有激情，没有新的挑战，于是就这样日复一日、年复一年地备课、上课、批改作业，教学工作似乎在重复着"昨天的故事"。面对新一轮课改，很难想象一个没有激情的教师将怎样和学生进行有效、和谐的沟通，怎样引导学生朝着健康、理想的方向发展。从更深层意义上讲，"年年岁岁人相似，岁岁年年教相同"，如此往复，教学工作就成为了毫无新鲜感的简单劳动，以致教师与精彩事件无缘。所以，在生存压力越来越大的今天，教师仅仅满足于过去的经验、单靠埋头苦干是不够的，因为教师教学毕竟是一项创造性的工作，最终还要落实到创新上来。

教师是平凡的，但不应该是平庸的。今天，我们已经步入科教兴国、人才强国的新时代，我们的教师不能再停留在"春蚕"、"蜡烛"的层面，而应该重新确立自己在当今社会中的位置，正确认识自我、认识学生。多年的教育实践使我们清醒地认识到：正确的社会定位和自我定位对教师是一种解放。卸下沉重的道德十字架，让教师告别神性、恢复人性，在自由的天空下，教师可以自由地呈现人性的多姿多彩，张扬独特的个人魅力。北京师范大学肖川说："我们应该还教师一个感受到生活幸福、具有活力和创造力的角色。只有一个人感受到生活美好时，他才能更富有爱心，为社会作出有价值的努力。"

教师的正确定位对学生也是一种解放。教师摘下神圣的面纱，露出可亲可敬的一面，有利于建立和谐的师生关系。古人云："亲其师，信其道。"在平等的师生关系中，不只是学生尊重教师，教师也尊重学生。教师主动走进学生的内心世界，聆听学生的心声，就会使学生更加信任教师，视教师为自己的朋友和共同探索真理的伙伴，教育对于学生而言就能成为一种美好的享受。正如有的课程专家所说，新课程将改变教师的教学行为和方式，教师将和学生一起与新课程共同成长。

第五章
MOOC 与高等教育学生

一、MOOC符合高校学生学习环境需求

（一）良好的师生关系

学习者与授课教师之间形成的良好师生关系是 MOOC 的一大特点。教师采用平等对话的方式与学习者进行交流，没有课堂授课时严肃的氛围和明确的等级关系，使 MOOC 的学习氛围更加轻松。远程教育研究显示，学习者非常珍视教师给予的所有情感和组织上的支持，教师在情感和组织上提供的支持对于他们而言与认知课程中的特定知识点一样重要。学习者对教师的情感投入对坚持学习非常关键，对教师的认可使学习者更容易形成集体归属感，积极面对学习困难，即使受到挫折也不会轻易退出学习。因此，构建良好的师生关系，采用对话式交流，将活动或其他互动体现在 MOOC 中，口语化、轻松的邮件等都能使学习者对教师和课程形成较深的情感联结，为构建良好的师生关系，需要做好如下方面。

1. 尊重学生——构建良好师生关系的基础

"创造最能发挥的条件是民主。"这是伟大的教育家陶行知的一句名言。要实现教育民主化,教师必须树立民主平等的思想。这里的"平等"包括两个内容:一是老师和学生之间是平等的;二是在老师眼里学生无三六九等之分,学生是平等的。这就意味着老师不以权威自居,不搞"唯我是瞻"。民主、平等的标志是尊重,只有做到尊重每一个学生才能建立良好的师生关系。这里说的尊重学生不仅仅是不体罚学生,更是对学生的理解,是对学生人格自尊心的一种特殊尊重。

在教学实践中笔者深切感受到老师放下身段"蹲"下来和学生说话的教学效果要远远好于高高在上和学生说话的教学效果。比如,在传统线下教学中学生在课堂上有时会出现听课时开小差、玩手机等注意力不集中的情况。此时,老师通常会以教师的身份提醒学生并制止相关行为。对此,有的学生就会有情绪而不利于良好师生关系的构建。而在 MOOC 课堂,首先老师看不见学生注意力不集中的情形,其次 MOOC 具有短小精湛、视感性强的优点,容易使学生注意力集中并认真听讲,不会造成学生与老师之间的剑拔弩张,很好地处理了两者之间的关系,这样能够得到学生的喜爱,有利于师生关系向着良好的方向迈进。

2. 了解学生——建立良好师生关系的桥梁

由于现在的学生多为独生子女,在家里可谓是要风得风要雨得雨,几乎从未听过批评性的语言,一些学生无法正视老师对其的批评与指正,认为老师批评他是看他不顺眼,故意为难他,因此从心里产生抵触情绪甚至怨恨老师,导致师生关系恶化。解决这一问题的关键在于老师要做到了解每一名学生,因材施教。对于知情懂礼的学生,老师可直接批评;对于在一片赞扬声中长大的学生,要婉转相劝,可采用角色互换法,让他知道自己的做法是错的,然后对他进行指正,让学生能够真正地接受批评并改正。然而,传统线下教学课常,普遍存在教学课时有限与教学内容多的矛盾,且繁重的教学科研任务也使得教师分身乏术,既没时间也没精力来充分了解学生并对其耐心指导,从而影响师生关系。而 MOOC 教学则不同,

MOOC 是将课程内容分解成了若干知识点并制作成了相应的教学视频。学生不仅观看这些教学视频，还要阅读相关文献资料，并完成课后相关练习。换言之，教学内容多的问题，可通过学生的自主学习解决，而教师的讲解则侧重在解决教学重难点及教学内容之间的内在逻辑关系等问题上。此时，教师可抽出部分时间和精力来了解每个学生，并进行有效的沟通。

总之，要想建立良好的师生关系，用心了解每一名学生是必不可少的，只有了解他们才能更好地与他们沟通。而 MOOC 有助于解决这一问题，教师只有在沟通师生情感方面多做文章，靠着一颗对学生真挚的心，在实践中慢慢解读，小心地触及年轻的心灵，用豁达的胸襟去包容学生，以真诚的态度去面对学生，才能在尊重学生的基础上通过了解学生架起桥梁建立良好的师生关系。

（二）互动的学习模式

很多 MOOC 课程是边制作边授课的，课程虽然制定了教学计划和安排，但并不是一成不变的。课程团队收集学习者的意见，根据学习者的反馈调整课程内容、教学安排和进度，在课程授课过程中，教师与学习者通过互动来共同优化课程的教学设计与组织，形成不同的学习交互活动类型、学习模型和学习群组。

1. MOOC 环境下学习交互活动的三种基本类型

把学生学习的主体性放在首位一直是 MOOC 学习活动的指导思想。MOOC 依据交互活动理论和建构主义学习理论，构建了新型的突出以学生为主体的教育模式。因此在交互活动理论和建构主义的学习理论框架下，可以把 MOOC 环境下的学习主体活动划分为三种基本类型。

（1）学习主体与学习内容之间的交互。教师可以通过互动媒体提供的种类繁多的技术手段对学习对象（包括学习内容和学术信息资源）进行收集、筛选、整理、转换、存储与呈现，从而让学生与学习内容达到更好的交互。

（2）学习主体之间的彼此交互。学生在使用互动媒体时可以自由地与其他学生进行自由、个性、协同的学习交互。互动媒体学习环境不仅为学生提供了强大的学习平台及信息资源，而且还为他们提供了协同学习与共享机制，这种学习方式可以让学生彼此之间进行无障碍、个性化的协同学习。

（3）学生自身开展的互动。由于学生学习的过程其实是一个自我否定、自我反省、自我认识和自我超越的过程，因此需要学生在使用互动媒体环境的学习过程中，自我进行知识认知、理解、构造、评价、监督与提高等，只有在这样的学习过程中，学生才能获得更深的情感体验。

2. MOOC 环境下学习交互活动系统学习模型

MOOC 环境下学习交互活动强调的是学生在一定社会文化背景下凭借相应的学习工具，通过学习交互活动的建构去获取知识的过程。这种学习方式和传统的学习方式有很大不同，它强调的是在学习过程中主客体之间凭借各种中介工具和技术手段，在进行学习交互活动中衍生出协作交互活动。在这样的活动中，教育者不仅要高度关注学生心理活动的很多方面，还要高度关注相关概念、相关规则以及和学习活动相关的原理等方面，从而实现真正意义上的学习交互活动系统建构。

首先，在交互活动系统中主要包含六个互动的要素，即主体（学生以及教学活动完成的执行者）、客体（教学目标、学习目的，教学内容）、共同体（参与学习活动过程的所有人员）、分工（学生与学习伙伴为完成共同学习目标而分配好各自的任务）、法则（教学过程中用来协调主体与共同体的一种约定、承诺或协议）、工具（教学环境，为学生提供认知探索的工具），这六个要素从总体上构成了交互活动系统。

其次，在交互活动理论中，人的心理发展与外部活动是辩证统一的关系。因此，具体到课堂教学时，不仅应该重视课堂教学中交互活动的重要性，更要注重如何通过教学交互活动去促进个体与群体、个体与环境之间有效开展双向交互，以实现预期教学目标，还明确强调了工具中介在整个教学交互活动过程中的地位和作用，要加强课堂教学工具的设计与利用，尤其应以计算机等数字化工具为核心，使其成为互动媒体环境下教学目标达成的中介，从而实现学习主体与客观环境的有效交互，更好地促使学生完成学习目标。并且，学习共同体与合作分工的思想要求在互动媒体环境下的课堂教学中，教师应该从传统的角色中解放出来，把学生看作整个学习过程的主体，与学生共同来完成所有的学习内容；同时还要有意识地观察学生之间存在的不同之处，通过分工合作的方式来有效地促进学生之间的协作，帮助他们在学习活动中共同完成学习目标。

此外，课程团队会根据不同阶段学习者的需求差异提供不同的指导，引导学习者持续学习，如定期通过在线视频会议、Hangout 等工具提供大规模交流互动的机会等，而在所有的支持中最受关注的当数定期的邮件互动了。在远程教育中，电子邮件、QQ、微信等通信方式都是非常廉价、便捷的，是能与众多学习者进行有效沟通的工具，可以有效克服学习者的孤独感，可以通过简短、相关的主题，对交流给予积极的支持。从注册课程开始到课程结束，学习者在学习的各个关键阶段都会收到课程团队寄出的邮件，包括新内容发布和活动等通知、截止日期前的提醒和学习督促、简单的交流等，满足了及时获取学习信息的需求，同时温和轻松的语气、朋友式的交流也拉近了与教师、课程的距离。从学习者的角度来说，他们对信息明确、用语温和的邮件更易产生好感，使用"我们"等类似表述更易提升学习者的归属感。因此，电子邮件内容最好不使用生硬的通知或强硬的要求，课程团队必须清楚地知道在各个阶段应该为学习者提供哪些信息，何时需要利用邮件来督促学习者重新回到课程学习中，以明确的信息和轻松的表述吸引学习者的注意力或产生情感关联，从而促使学习者不断取得进步。

研究 MOOC 环境下的学习交互活动，并对互动媒体环境进行深刻的理论解读，以便构建学习活动的机制与结构模型，进而论证互动媒体环境下的学习活动，是约定规则及学习目标导向共同作用的结果。学习交互活动理论是对互动媒体环境下的学习活动进行研究不可或缺的重要理论工具和手段，通过对互动媒体环境下学习交互活动系统的构成要素进行深入探讨，得出并构建了一个基于交互活动理论的学习活动机制与结构模型，并把这个模型应用到现实学习环境中，转化出基于互动媒体环境下学习活动的过程模型，进而以这个模型为基础论证了互动媒体环境下的学习活动其实是学生个体、学生团体、数字化学习环境之间相互约定的规则及以明确的学习目标为导向之间相互作用的结果。

3. 学习群组

在远程学习中，组成学习群组是学习者克服孤独感，以及在师生互动相对缺失的情况下获得更多支持和帮助的非常重要的方法。同伴学习者的帮助是一种非常有效的学习支持，尤其是在大规模在线学习过程中，同伴层次多样，其中不乏一些水平较高的学习者，除社会性支持外，更有可能提供较好的学习支持，互相讨论、解答学术问题，加深学习的深度和广度，达到个人学习无法获得的学习效果。虽然有一些MOOC课程会要求学习者组成学习小组，共同完成课程任务，但大部分课程对小组学习并无强制规定。

Barros 和 Verdejo 提出了一个互动协作过程管理框架，该框架区分了不同的交互协作分析的层次，并定义了一系列代表交互协作的属性。系统通过跟踪用户在界面上的互动行为，计算行为属性的值，然后系统的导师模块评价属性的值，给学生发送反馈，最后研究导师模块对学生的干预的效果。Jermann 和 Soller 在 Barros 互动协作过程管理框架的基础上进一步发展，提出构建网络协作学习中互动协作管理模型的观点。该模型把互动协作的管理看成是一个与预定目标比较交互状态的不断自我平衡过程，包含四个不断循环的阶段：①收集交互数据：包括跟踪并记录学生的交互行为，并将其作为日志进行保存。②构建互动模型，表示互动状态：指以某种理论模型为指导建立互动模型，使用互动模型的数据处理方法对前一阶段记录的互动数据进行处理，获得较高水平的互动指标，用这些指标表示当前的互动状态。③诊断交互协作的特征：通过把当前交互状态与理想交互状态进行比较，诊断当前交互状态存在的问题，如学生是否平等地参与协作。④矫正交互协作行为：如果当前交互状态与理想情况存在差异，采取对应的矫正措施。

此外，根据互动干预的种类，Jermann 和 Soller 还把网络协作学习环境分为反映式系统、监控式系统和指导式系统三种。反映式系统反映学生与系统的人机交互数据，完成系统中原始数据的基本计算。监控式系统根据构建的交互模型，用某种形式（数字、文字或图表）表示当前的互动状态，教师或学生可根据互动协作的情境去解释当前互动状态中存在的问题，并调整自己的互动行为。指导式系统能处理各种较高水平的结构化数据，并把当前互动协作的状态与理想协作的状态进行比较，进而对教师或学生提出指导。

下面重点介绍互动过程中的互动内容和协作学习活动组织形式两个关键要素。①互动内容。互动中传递不同的信息内容导致成员间互动关系存在多种类型。综合多种互动内容分析框架，成员在协作学习中的互动关系可分为知识互动、学习事务互动和情感互动三种类型。因此，网络协作学习中存在三种互动网络：知识互动网络、学习事务互动网络和情感互动网络。②协作学习活动的组织方式。协作学习活动是指为了达到特定的学习目标，群组成员完成的学习任务及其所有行为的总和。在不同协作学习活动中，协作学习的目标和任务不同，成员间的互动行为也存在较大的差异，成员间的互动倾向与不同的互动维度见表5-1。因此，对协作学习中的互动进行分析时，研究者需要考虑协作学习活动的组织形式。

表5-1　网络协作学习活动与成员间互动维度的对应表

协作学习活动组织方式	成员间的互动维度
学习资源共享	知识互动、情感互动
协作组讨论区协商讨论	知识互动、学习事务互动、情感互动
班级咖啡屋聊天	情感互动、知识互动
在线实时交流会话学习	事务互动、情感互动
成果共创与展示	知识互动、情感互动

在学习资源共享活动中，成员主要执行发布、阅读、评论、收藏和推荐学习资源等行为，成员之间的互动主要表现为知识互动，另外，成员对

学习资源的评论也能产生一定的情感互动。

在线实时交流会话活动的目标主要有两个：督促成员参与学习活动和协调成员间的冲突。学习事务互动是成员间互动的主要方式。在成果共创与展示学习活动中，成员主要共享、下载、修改、合成和评论学习成果，成员间的互动还表现在知识互动方式上。另外，因为成员间对学习成果的相互评论，也能促进成员间的积极或消极的情感发展，情感互动也是其中的一种互动方式。

但并不是所有的学生都愿意和一大群人取得联系，就像并不是所有人都愿意参加面授辅导课一样，建议在平台之外再建立一个"寻找学习伙伴"类型的网站，这对学习者来说也许更容易参与。学习者可以在网站上登记姓名、课程和任何愿意给出的联系方式。任何登录的学习者都可以选择任意方式在网上学习，根据学习者个人的喜好自建学习形式，给学习者以充分的交互自主权。这样的网站也是学习者自主性和个性化学习方式的体现，所有的活动完全由学习者自动发起。国内学习者人数最多的社区是MOOC学院，学习者可以做笔记、评价课程、交流学习体验、组建学习小组和字幕翻译组等，国内一些开设MOOC课程的教师也会在此与学习者进行授课之外的互动。

通过分析成员间的互动网络结构特征，研究者可以深入研究协作学习过程中交互的类型及其发生的内部机制。鉴于此，本书从理论、方法和实践三个层面对互动网络结构作了深入的研究和探索，得出两个研究结论：一是网络协作学习中的互动网络结构具有连通性、密集性、中心性、内聚力和角色空间五个特征。本书提出的互动网络结构分析模型能有效地获取、描述和分析互动网络结构的以上五个特征。二是互动网络结构特征与网络协作学习绩效的关系体现在：①互动网络结构的密集性、内聚力和连通性是衡量成员间互动状况的主要指标，中心性是描述互动网络结构的补充指标；②在成员间平均互动强度一定的前提下，成员间的互动分布均匀程度对协作学习绩效有着显著影响；③具有理想的互动网络结构特征的协作组能产生较高的协作学习绩效。

二、高校学生学习影响因素

（一）学生学习兴趣

1. MOOC 课程结构合理

MOOC 的课程在开课前一个月就会被推上平台，允许学员注册学习。每个课程都设置了明确的学习时长和学习限制，要求每个课程都要在规定的时间内完成作业。学习者在正式开课的时间段内注册学习，则有机会获得课程颁发的结业证书。错过了开课的时间，仍然可以学习网站上留下的全部课程内容，但学习进度就得全靠自己掌握，并且也没有获得证书的机会。由于搭载在 MOOC 平台上，课程的考查方式会以新颖的方式呈现，并不拘泥于期末考试。课程共有三次期末作业，只要学员的一次作业达到规定要求与分数，即可获得证书。这种方式大大减弱了以往学员心里对于传统式学习的恐惧感，加强了学生学习的兴趣，达到了更好的学习效果。

2. MOOC 教学视频充满人性化

不同的教授和不同的学校会使用不同的视频来创造最合适的教学方式。例如，在笔者试学的课程中，教师会用普通视频来传授学生知识，在涉及关键内容时，则通过 PPT 形式传授学生知识。出于对学生的考虑，并为了让学习者在课程中由始至终地全神贯注，Coursera 平台教学设计者编排的视频都很短，一般在 7 ~ 15 分钟。这样设置的教学视频可以充分吸引学生的注意力，同时在播放视频的过程中教学设计者还会随机放入一些小测试。小测试能有效地帮助学员及时回顾学习的重点并且认识这堂课的主要内容是什么。在传统的教学过程中，学生需要自己做的部分通常限于课前预习和课后复习。很少有老师用大量的时间进行当堂的测验并保证每个学生都领会本节课程的重点。但是出于人性化的设计，MOOC 恰巧可以满足这一点并很好地反馈当堂课程效果。

3. MOOC 评议方式独具匠心

在学习过程中，练习和作业非常重要，是巩固知识的重要途径。在课程中涉及的练习题都是责任教师精心设计的，常用的题型有选择题、简答题。由于学生人数与责任教师数量上极大的不对等，再加上设备等种种客观条件的限制，教师无法做到为每一个学生打分，于是 Coursera 平台采用了一种很有效率的测评方式——同学互评，即同学相互批阅作业并给出评价，这种评价方式为同学们提供了一定的评价标准。运用同学互评的形式可以大大缩小同学间学习水平上的差距，同时在一些开放性的作业中，学生如何评价他人的作品对于老师来说是很好的反馈。教师一方面通过收集这些反馈信息用来判断学生学习能力的强弱，另一方面也可以弥补自己教学中的不足。有些课程的教师会随机抽取几个同学的作业对其评讲，这种方式能很大程度激发学生的学习兴趣。

4. MOOC 社交活动形式多样

学员在自主学习的过程中如遇到任何问题与疑惑可随时提问。若教辅人员不能及时在线回答，同学也会热心地帮助回答这些问题。Coursera 的学员也可以使用网上的虚拟教室进行交流，包括运用微信群聊天或者在约课网站上约见面。相比谷歌环聊这类社交媒体，Coursera 交流不受时空的限制，无论你在哪里，书房、卧室甚至公园，同学们就像日常课堂交流一样，既可以兼顾学术问题的深度又可以保持真正课堂讨论的形式和方式。同样，果壳网 MOOC 学院也发起过类似讨论，也得到了积极热烈的响应，这就是 MOOC 的优点之一——不必考虑所在地的问题即可开展学习、聊天、交友等各项社交活动。

作为一种新兴的教学手段和学习途径的 MOOC 对教学的影响和创新绝对不可小觑。尤其是它与当下的移动学习思维理念不谋而合，不仅可以让学生在任何时间、地点进行学习，而且可以在规模和人数上都做到了极大的提升，这对教学方法的改进、教学组织的设计、教学效率的提高、教学效果的改善，以及学习者学习方法的改进和学习效率的提高都有着非常有益的作用。而且 MOOC 教学过程中随时存在的互动方式与互联网的交互性更促进了师生之间、学生之间的交流与沟通，使得教学相长。

（二）学生信息素养

信息素养是一种对信息社会的适应能力，而我国信息素质教育始于 20 世纪 80 年代，主要采用在全国高校开设"文献检索与利用课程"（全校公共选修课）的形式，对在校大学生进行信息素质教育。尽管课程名称五花八门，如信息获取与利用、信息检索与网络资源利用、现代信息查询与利用、文献信息检索等，但其课程的核心内容主要围绕文献检索的基础理论和基础知识、各科各类检索工具的基本原理及检索方法、主要数据库的利用、图书馆的利用等。在进入信息社会的今天，该课程无论是形式还是内容均已过时，一方面无法适应社会发展和时代进步的需求，另一方面也无法满足大学生对信息资源获取与利用以及其他信息素养相关知识的需求。

1. 信息素养的重新定位：从基本素养到核心元素

学习环境的变化要求大学生的学习素养能力也要不断提升，从学习环境的构成要素角度分析，学习者需要具备：①选择学习活动的能力；②理解、组织、应用、评估学习内容的认知能力；③对信息识别、审视、规划、搜集、评估、管理、发布的能力；④应用各种学习工具的技巧、能力；⑤在社群中协同交流的能力；⑥反思自身学习活动、保障可持续学习的元认知能力；等等。

要具备这些能力，就需要培养学习者的信息素养、数字素养、数据素养、媒体素养、技术素养、视觉素养等各种学习能力。这些素养彼此关联，共同构成了支撑学习的学习素养体系；鉴于这些素养都关注信息以及信息使用、理解、评估及管理的能力，其差异主要在于关注的具体技术和信息形式有所不同，因此信息素养就成为其中最重要的素养，是学习素养体系的核心基础。

美国大学与研究图书馆协会在其 2014 年 11 月发布的《高等教育信息

素养框架（草案）》中提出了"元素养"概念，即将信息素养重新定位，使之成为催生其他素养的核心素养，通过对相关素养理念和新技术进行关联整合吸纳，对学生进行学习行为、情感、认知和元认知方面的培养。

信息素养的重新定位和定义，使得其培养目标和内容不仅保留了原有的信息意识、信息获取、信息评价、信息利用、信息道德等方面，而且突破了技能培养的限制，将信息素养的培养范围扩大到了基于整体学习环境的学习能力的培养，努力满足学习者在学习素养方面不断提升的需求。

2. 更新信息素养能力标准，建设多层次的软性基础设施

信息素养能力标准是指导、规范高等教育信息素养教育工作开展和评测的软性设施，它包括国家、学科、机构等不同层次的内容；建设和不断更新标准，是保障这项基础设施可持续发展的必要工作。例如，美国AC-RL在2012年对原有的《高等教育信息素养能力标准》（2000年发布）进行评估后，于2013年成立工作组对原有标准进行修改，2014年先后4次公布了《高等教育信息素养框架（草案）》征求意见。草案明确说明，新公布的方案已经不再是一套标准或者对学习成果、技巧的要求，而是一个基于一组有内在关联的核心概念的框架，目的是可以更加灵活地操作。草案同时还强调，这个框架方案的目的有三：一是让学生通过对动态的信息世界的理解和掌握，以及对信息、数据和学术伦理的运用，在创新知识方面发挥更大作用；二是使教师在自身的学科领域里，有可以帮助学生更好地掌握信息核心的更多教学安排；三是让图书馆员与教师有更大合作，建设更多的信息素养课程，帮助学生创新知识。

3. 信息素养作用的拓展：从支撑学习资源应用到支撑整体学习环境

作为元素养，信息素养的作用就不再限于帮助学生掌握学习资源的能力这一范围，而是以元素养的定位，带动、催生其他素养，即数字素养强调的是运用电脑及网络定位、组织、理解、估价和分析信息的能力；数据素养核心是指对数据的敏感性、收集能力、分析和处理能力、利用数据进行决策的能力、对数据的批判能力；技术素养是指评价、选择和利用数学技术的基本知识和能力；媒体素养则强调通过印刷、电视、电台、电影及

社交媒体等多种媒体平台，获取、驾驭、读写和交流信息的能力；视觉素养是指对视觉信息的感受与处理能力，包括视觉思维、视觉交流和视觉学习。以此形成完整的学习素养体系，以支撑整体学习环境的发展。

近年来，国外高校纷纷从开设传统的文献检索课改为开设信息素养课程，国内也有些高校紧跟国际潮流，开始开设信息素养课程，如北京大学的"信息素养概论"、上海交通大学的"信息素养与实践"、深圳职业技术学院的"信息素养步进课程"、韶关学院的"大学生信息素养教育"等。高校开设的大学生信息素养相关课程，不仅能够培养大学生的信息检索技能，提高图书馆素养、媒体素养、计算机素养、因特网素养、数字素养和研究素养等，而且能够培养大学生对现代信息环境的理解能力、应变能力以及运用信息的自觉性、预见性和独立性，从而提高综合素质。随着国内外大学开设 MOOC 热潮的到来，开设大学生信息素养系列 MOOC 不仅必要，而且已经是大势所趋。

（三）学生语言能力

语言教学 MOOC（LTMOOC）是一种协作课程，它为各层次语言教师探讨世界语言在混合式教学中的新趋势提供更深层次的理解，包括方法论、最佳练习以及在线混合课堂的实际应用。这种课程有助于在基于联结互动 MOOC 中的探索性观点的形成，并倡导所有课程参与者共同努力，在社会联通互动的基础上分享信息，实现人与人之间的各种协作性活动。

语言教学 MOOC 与其他 MOOC 相比有其独特性，交流不仅是课程的途径，还是课程的重要目标，语言学习的落脚点在于应用。在专业英语 MOOC 中，学习者会用口语就学习生活中的某些话题陈述观点，如与同事用餐或独自进行面试求职等，这些话题都与相应的具体活动相关。学习者的回答被录音，并传送给另外三个具备评定口语交际能力的学习者。

英语语言教育工作者已视 MOOC 教育为一种极其重要的语言教学方式，但目前为止，很少有人开发第二语言学习 MOOC（SL Learning MOOCs）。第一语言学习 MOOC 是由赖安和斯科特·拉普创建的西班牙语

MOOC（Spanish MOOC），该 MOOC 获益于成千上万 MOOC 参与者的学习互动，参与者包括初次语言学习者、常春藤盟校教授以及深谙多种语言技能的人。Spanish MOOC 采用听力、视频、阅读、背单词等多种方式教授西班牙语，它自带的电子词典也较为人性化，支持英语和西班牙语的互查。如输入一个英文单词，可出现对应西班牙语单词和例句。词典中单词用颜色标注分类，绿色代表动词，红色是名词，蓝色是形容词，而同一类别单词则按照使用频率进行排序，并可通过点击单词获取到单词的发音。在用户档案中可看到自己收藏的教学视频和单词及详细的学习计划。目前，Spanish MOOC 暂仅包括西班牙语课程。近年来，狄金森学院（宾夕法尼亚州）语言助教托德·布莱恩特（Todd Bryant）发起了两种第二语言学习 MOOC 平台：The Mixxer（http：//www. languageexchanges. com）在线平台上的"英文 MOOC：西班牙语者学习英文的开放课程"和"西班牙语 MOOC"，同时，这一平台也获得了狄金森学院的赞助。这些语言平台的 MOOC 模式都采用了自适应学习方式，开课时间没有限制，学习者可根据自己的外语水平选择不同难度的课程。

对于学习者而言，要善于使用语言教学 MOOC 模式中的互动平台，如博客和论坛，以及其他免费的社交视频工具，如 Google Hangout 和 Skype 等。对于教师而言，语言教学 MOOC 是一种不同于传统语言课程的全新教学平台，教师要学会开发 MOOC 教育资源。首先，教师要懂得制作微教学视频。MOOC 的教学对象分布于社会各种层次，与传统教学课堂有较多相异之处。因此，教师要花费更多的精力来备课和讲授。一门成功的微课程绝不仅仅是把它上传到网上，而是要充分利用讨论平台引导学习者参与课堂讨论。其次，对于首次制作微课的教师而言，需有相应的团队支持，包括课程开发专家、计算机程序员、摄像制作人或精通技术的助教，以清除微视频制作障碍。再次，教师要注意讲课风格，要尽可能自然地在镁光灯下讲课。与传统课堂不同之处在于，网络教学授课无须过高的嗓音与夸张的肢体语言，而是要通过轻松欢快的课堂教授方式结合教学的最佳点吸引学习者。最后，教师还要考虑课程潜在的学习者群体。教师应注意知识的实用性，考虑网络教学特点，课程内容应避免出现奇闻逸事或绕口令。总之，教师要懂得信息技术与语言课程教学的整合。

语言教学MOOC是一种新兴的互联网教学模式，成本昂贵，不确定性大，语言教学资源的开放与共享需要依靠资金和技术支持。因此，有必要探索建立政府帮扶、高校主导、企业参与、开放竞争的教学MOOC平台机制，保证教学MOOC模式的健康稳步发展。

三、高校学生学习模式

（一）阅读书籍的学习模式

传统阅读是以印刷品为主要载体的阅读方式。从世界范围来看，年平均出版图书370万种，期刊13万种，会议文献100多万篇，专利文献、技术标准、产品资料100万件以上，其中90%以上仍然是印刷型的纸质文献。阅读纸质文献无须专用设备，且具有权威性、保存成本低、有利于知识产权保护等优势，其存在和发展是客观和必然的。传统阅读之所以受到读者青睐，更为重要的原因是，这种阅读能让人进行深入研读，在深厚而广阔的文字世界中品味细节，从中获得自己真正所需要的知识，去唤醒世界、改造世界。这是此种阅读所特有的特殊优势，也正是那么多读者仍然坚守这块阵地的真谛所在。这一优势是数字化阅读所不具有，也无法取代的。正如瑞典皇家科学院院士、诺贝尔文学奖评委马悦然所言："电脑或网络都是无法代替书籍的。"此外，在大学生心目中，传统的阅读方式仍占据了最重要的地位——大部分学生喜爱传统的阅读载体。千百年来的文字文明传承习惯与书籍特有的阅读舒适感，调动了读者更多的感官作深层思考的特点，使得大部分受到了高等教育的学子不愿舍弃它。并且，传统的出版物经过书籍编辑的精心加工，内容质量远远超过鱼龙混杂、垃圾信息堆砌的网络媒体，使得有理性分辨力的大学生仍然选择其来阅读。

真正的阅读只有读书。只有这种深度阅读才能将知识系统化地传播下去，使人类文明不断延续其辉煌。读书，是需要境界的。该境界是由两个前提形成的，一是阅读经典，二是用心阅读。阅读之难也在于这两点：一是时风裹挟，难以抓住和守住经典；二是即使与经典朝夕相处，也难有几时真正把"心"用上。2015 年 4 月，人民日报微博称 2014 年北京大学图书馆书籍借阅总数为 62 万册，为近 10 年最低，最受学生喜爱的却是《明朝那些事儿》、《藏地密码》、《盗墓笔记》等通俗读物。江南大学图书馆负责人称，该馆有中外图书 203 万余册，中外期刊 23 万余册，但 2014 年馆藏借阅统计，全年借阅只有 28 万余册；近几年统计也是在逐年降低。而经典之所以为经典，就是因为其所具有的一种普世的价值和意义，不仅能够使人从中悟出为人处世以及在这个世界上生存的大道理，对我们的现实生活也具有一定的指导意义。对于青少年来说，经典阅读的重大意义和价值在于，着眼未来，解决当下的问题。说白了，阅读经典关乎人的教育，要解决的是未来成为什么样的人，怎样去应对未来的变化，如何成为一名合格的公民，等等。用心阅读则往往能够引发人们宁静的感悟和睿智的思考，更能使人学着去明辨是非，甄别善恶，区分正义与非正义，并且教人从有用之中发现高贵与美。

（二）"三天打鱼，两天晒网"的学习模式

学习惰性普遍存在。国外有调查显示：校园里 80% ~ 95% 的大学生有过惰性经历；约 75% 的大学生认为自己是"懒人"；约 50% 的大学生承认懒惰已成为他们的问题行为。最常见的惰性行为是睡觉、玩或看手机，占其日常活动的 1/3 以上。在社会上，学习惰性以慢性病的形式影响着 15% ~ 20% 的成年人。

学习惰性是学习者对学习的自动拖延，通常导致学习活动的低绩效。但也有报道说惰性可以帮助人们整合自己的资源以应对最后期限，因此不

妨将其当作促进绩效的一种策略。

惰性可用于暂时回避焦虑，但因此往往造成后来变本加厉的焦虑甚至引起恶性循环。研究显示，那些有强烈惰性的人表现出身体状况下降和反应迟钝。医疗领域也发现：对某些病人而言，惰性成为其身体康复的主要障碍。几乎所有的惰性当事人都能够认识到惰性的消极影响，并且希望减少自己的惰性。遗憾的是人们缺乏克服惰性的有效方法。

生活常识和科学研究都表明人们有任务偏好。在 Briody 的一项调查中，约50％的被调查者承认，任务的特征会影响他们完成任务的意愿。这项调查还揭示了两个对惰性有影响的任务特征：一是对完成任务时限的衡量，事件越是逼近就越能促使人们做决定。许多研究认为这是惰性的根源。其中最有影响的是经济学视角下的临时贴现效用模型，它可解释人们为何因"偏好最近的事情"而为退休准备的存款往往不够充分的原因。二是对任务的厌恶，它与惰性的关系似乎显而易见，但需要指出的是这两个任务特征结合在一起才产生惰性，单单对任务的厌恶只能预测逃避任务而不能预测拖延任务。来自临床心理学的研究表明，惰性与以下个人特征有关：

（1）不合理的理念。泛指不合理的认知、想法或世界观。它们易导致焦虑、抑郁等负面情绪，使特定任务越来越令人烦心，使当事人试图改变或取消任务。有研究证明，惰性当事人普遍存在不合理理念，因担心得到负面评价而表现出过于害怕失败、过分追求完美、过强的自我意识和过度的焦虑体验。

（2）低自我效能感和低自尊。害怕失败与低自我效能感都和低自尊有关。有不合理理念的人常怀疑自己完成任务的能力，并认为任何失败都说明自己人格的不完美。因此，自我效能感和自尊被认为与惰性有着直接联系。

（3）自我阻碍。就是自己在成功面前设置障碍，其动机是通过给自己一个外部理由来维护自尊。也即如果失败，则认为不是由自己这方面的原因所造成的。自我阻碍可能和某种回避型人格有关，但对于自我阻碍到底是惰性的原因还是结果仍存在争论。

（4）抑郁倾向。它和神经质、对情境的失控感结合起来可以成为惰性的原因。抑郁的人缺乏活力，注意力涣散，难以承受生活事件的压力，这些症状都使完成任务变得困难。另外，当人们身心疲劳时也可能增加抑郁倾向，此时也很难让他们开始新工作。

（三）实践操作的体验模式

实践教学是高校实现人才培养目标的重要环节，它对提高学生的综合素质，培养学生的创新意识和创新能力，造就学生成为具有社会竞争力和国际竞争力的高素质人才具有特殊的作用。近年来，随着高等教育的改革发展，现代社会日新月异的变化，人才市场对高校毕业生提出了更高的要求，不仅要有扎实的理论基础，还必须具有较强的实践能力和创新能力，因此，高校应根据其实践教学中普遍存在的问题以及学校的实践教学状况，结合高校应用型人才培养目标，深化实践教学改革，构建科学合理的实践教学体系。具体教学模式内容如下：

1. 增设综合性、设计性实验

改革实验教学内容和体系，通过对实验课程内容的整合重组，增设综合性、设计性实验，使有综合性、设计性实验的课程比例达到实验课程总数的80%以上。

2. 合并、重组实验室，集中设置实验教学中心

加强实验教学软件建设，向管理要效益，改变目前实验室分散管理的状况，转变实验室专为某一课程或专业服务的观念，根据学科特点进行合并重组，集中设置实验教学中心，以加强管理，充分挖掘资源的潜力，提高实验仪器设备利用率，充分发挥投资效益。

3. 改革实验教学课程体系，独立设置实验课

配合学生培养方案的制（修）订工作，系统地考虑实验教学的课程体系，除校定必修的基础实验课程外，各学院规范专业基础必修和专业必修实验课程，对原有专业实验课程进行必要的整合，从而使一些实验课程独

立于理论课开设，许多原依附于理论课的实验内容，也应整合到相应的独立实验课程中，减少实验内容的重复，使实验课程体系更趋于合理。

4. 加大实验室的开放力度

通过建立实验教学中心，促进实验室的对内对外开放。利用开放的实验室资源，为学生提供更多的实际动手操作的机会，提高学生的综合素质，同时为优秀学生提供科研创新活动的场所。开放实验室也有利于为增开综合性、设计性、创新性实验创造条件。

5. 建设完成网络化实验教学管理平台

根据学校实践教学改革的整体安排，建设完成"实践教学综合管理系统"，从而使实验教学的计划安排、任务落实、实验课表安排、学生网上预约、成绩管理等全部实现网络化管理。

6. 建立实验技术研究课题立项制度，带动实验教学改革

鼓励教师和实验技术人员开展科研工作，建立实验技术研究课题立项制度，促进实验人员自身的业务水平和教学水平的提高，并以此为依托，带动实验教学的整体改革，提高实验教学质量。

7. 全面提高实验技术队伍素质

通过学习、进修和培训等措施，切实提高实验技术人员的技术水平、业务能力，以适应教学、科研工作的需要。缺口较大的实验室可以引进人才，提高实验技术人员队伍整体素质。

8. 加强校内外实习基地建设与管理

校内实习基地建设实行项目制，一个实习基地作为一个项目进行建设，发挥实习基地的功能优势，为校内实习教学开展提供稳定的场所；校外实习基地坚持"互惠互利、双向受益"，生产、教学、科研相结合，质量第一，素质教育的原则，有效地弥补校内教学实习基地在设备、条件上的缺陷和不足。

实践教学对培养学生创新意识、科学素质、实践精神、动手能力以及团队精神具有不可替代的作用。深化实践教学改革，要以人为本，充分调动实验技术人员的积极性，鼓励、支持他们不断地探索实践教学，构建科

学合理的实践教学体系，以学生为中心，激发学生的好奇心和探索愿望，开发学生的创新思维和挖掘潜能，培养学生的综合能力。只要我们坚持不懈地探索、研究，努力深化改革，不断开拓创新，实践教学质量与水平一定会越来越高，学生的就业竞争力就会越来越强。

四、面对MOOC高校学生的应对策略

（一）高校教育内涵理解混乱

我们所处的时代日新月异，教育技术也与时俱进，基于联通主义的社会性交互活动平台——MOOC教学模式应运而生，然而，与此相悖的却是传统教育资源平台的闭塞落后。传统教育资源平台下的教学模式仍习惯于采用传统课堂教学中教师"满堂灌"式的静态讲授模式。尽管多媒体教学已成为大学课堂的教学媒介，但目前对多媒体教学的运用仍滞后于实际教学需要。传统教育资源平台的局限在于：对文本、图像、影音视频等多媒体教学技能的掌握仍不足；缺乏对信息技术与课程资源的整合；缺乏基于社交媒体的协作式教学模式；缺乏互动与评价的过程。

1. 教育目标模糊

首先，传统教育侧重高层次的理想、信仰、意识形态的灌输，以为"平安无事"便是工作的终端目标。其次，教育目标缺乏层次性，一方面我们往往忽视低层次的道德教育；另一方面，在实践上发生教育活动出现"倒挂现象"，即对小学生重点进行共产主义教育，而对大学生更多进行行为规范的教育。最后，传统教育目标重共性轻个性、重求同思维轻求异思维，长此下去不但会抑制学生个性的自由发展，同时也阻碍了学生独立能力的发展。

2. 教育主体偏移

传统教育过程往往是以政工人员（如政治辅导员）为主体，片面强调教师的说教与灌输，轻视良好行为习惯的养成和内化，把学生当作教育的被动接受者，从而时常引发学生的逆反心理与抵触情绪，最终使得教育收效甚微。

3. 教育渠道封闭

在传统教育模式下，高校学生思想政治教育是较为封闭和单一的，忽视对学生家庭和学校所在社区资源的利用。这样势必造成学校、社会、家庭对学生的影响出现一定反差，使多元化教育下的学生难以自信自立，他们常常表现出茫然，一遇到问题就不知所措。

4. 教育法制缺位

在传统的教育活动中，学生的学年鉴定、奖学金评定、优秀学生评选、学生的处分等往往比较缺乏透明度和程序性。例如，处分学生，学生一般是处于被动接受的地位，至于知晓过程、情况解说、不平申诉等权利多数没能得到支持和实现，学生的知情权、隐私权和申诉权受到轻视。

5. 教育评价单一

由于传统教育目标过高而且模糊，最终导致教育效果评价的多元化和不确定性。在现实工作中，人们往往以"平安无事"作为常规目标，即认为不出政治事件、安全事故和其他重大违纪就是功，导致教育评价过于片面。

（二）高校学生应对策略

1. 利用 MOOC 教学平台，激发学生的学习潜能

由于传统课堂教学中存在着诸多的问题，严重地影响课堂教学的质量，因此，在传统课堂教学中教师需要积极地引入现代化的教学模式，通过将其有效地结合，实现良好的教学效果。下面就 MOOC 与传统课堂相结合的情况进行详细的探讨。

（1）利用 MOOC 实现课程共享，扩展学生的知识面。在当前的教育发

展中，部分教师因知识水平有限而影响教学的质量，而且，由于学生对未来的发展都有着不同的定位，这些可能会关系到学生的知识面，也给教师实施教学带来一定的难度。在将 MOOC 与传统课堂有效结合后，不仅发挥出 MOOC 的现代教学优势，同时也有效地规避了传统教学的缺陷，对提升课堂教学效果有着极大的作用。例如，通过充分地利用 MOOC 可以实现课程的共享，与一些一流学校、知名院校共享课程。这些来自一流学校的名师、著名教授团队不仅有着较高的学术水平，同时他们充分地把握教学规律，并有着过硬的教学资源作为支撑，他们授课的内容以及形式都是教育界较为先进的，而这些成果通过 MOOC 的形式共享，能够给教师提供更丰富的教学资源，有助于提高课堂教学的质量。当然，在实际应用 MOOC 的过程中还存在一定的不足，需要与传统课堂进行有效的结合，用 MOOC 来阐述教学知识，并由相应的教师进行讲解补充，一方面可以有效地拓展学生的认知面，丰富学生的知识库，更有利于学生的学习和发展；另一方面可以解决教师知识面狭窄的问题，促进教师教学水平的不断提升，从而达到最佳的教学效果，有利于学生的长远发展。

（2）实施多样化教学方式，激发学生的学习兴趣。在教学中，教学方式的选择是否合理将直接影响课堂教学效率，也影响学生的学习兴趣。在传统课堂教学中，经常会因教学内容的枯燥、教学形式的单一而影响学生的学习兴趣，不利于学生的学习和发展。而在将 MOOC 与传统课堂相结合后，可以实施多元化的教学方式，以此来激发学生的学习兴趣。MOOC 是将丰富的教学视频、图片、声音、文字等有效结合，并呈现在学生面前供学生学习。这些新颖的事物相比于面对书本会让学生更有兴趣。相反，教师如果继续在课堂上采用传统的单一教学模式对学生施教的话，势必会影响学生的学习兴趣，也影响学生的长远发展。而且，在传统教学中主要采用的是教师讲、学生记的教学方式，此种教学方式容易让学生感到厌烦，不利于学生学习兴趣的培养。在学习的过程中，学生会更加喜欢视频、图片、音像等，MOOC 主要是运用平台来给学生播放微视频等相关教学视频，其中包括动画、测验、游戏等相关内容，能够显著地激发学生的学习兴趣，调动学生课堂学习的积极性。

（3）实施翻转课堂，实现学生的互动性学习。在传统的课堂教学中，"教"与"学"只是呈现出了单方向的互动关系，课堂的互动性极少；而课堂互动性的多少将直接影响课堂教学的成效。据专家研究，在传统课堂教学中，学生能够掌握的课堂内容在 5% 左右，整体学习效果与学生的自主学习相差甚远；小组讨论模式的运用则能够让学生掌握课堂上 50% 的内容；若采用实践练习等形式，其教学效率可达到 75% 以上甚至 90%。而从对这些方法的调查中发现，师生、生生之间的互动性越大，学生的学习兴致越高，就越能有效地让学生掌握课堂知识，从而有效地提高课堂教学效率。

MOOC 与传统课堂的相互结合更注重课堂上师生、生生之间的互动交流，当然，具体的互动交流形式还需要根据实际的课堂教学内容选择，这样才能将其优势充分地发挥出来。首先，MOOC 平台上的视频资料中有多种互动形式，其中包括师生之间的互动以及生生之间的互动。在整个互动过程中，将打破传统的教授型教学模式的约束，学生也不再是旁听者，而变成一个参与者，将学生的学习热情充分地激发出来。其次，为了更好地发挥 MOOC 优势，应抓住适当的时机，在 MOOC 后让学生自行对相关性问题进行探讨、探索、交流；同时，教师可以抓住学生的实际学习需求对学生进行分组互动，提出一些针对性的问题，让每个小组成员进行交流、练习，结合学科的实际教学内容适当地引入与教学内容有关的游戏，实现翻转课堂。在这种教学环境下能够充分提高学生的课堂学习效率。例如：可以培养学生分析问题、解决问题的能力；培养学生的交际能力；培养学生的思维能力、语句的组织能力；培养学生的团队协作能力；等等。另外，将 MOOC 与传统课堂相结合，能够真正地从以教师为中心的教学模式转变成以学生为中心的互动教学模式，对学生的发展以及推动教育事业的不断进步都有着极大的作用。

总体来说，在当今的教学工作中，由于受到传统教学观念的影响，教师教学方式过于传统，教学内容单一，课堂教学气氛沉重，严重地影响课堂教学的效率，不利于学生的长远学习和长远发展。随着教学改革的不断深入，MOOC 逐渐被引入传统课堂教学中，通过先进的教学模式，弥补了传统教学中的不足。教师通过科学地利用 MOOC 实现了教学方式多样化、教学内容的丰富化，进而为学生营造一个良好的学习氛围，调动学生学习的积极性，有效地提高了课堂教学效率。MOOC 学习时间的自由性既在完成学习任务时给予学生充分的思考和准备时间，也使学生减少了对负面评价的焦虑，但出现了因为无法获得教师的即时反馈而不确定的信心减少的情况，可见 MOOC 与传统课堂相结合具有重要的意义，在日后的教学中，教师还应该将 MOOC 与传统课堂进行进一步的结合，以实现最佳的教学效果，促进学生的长远发展。

2. 利用 MOOC 教学平台，彰显学生学习个性

美国学者 Zimmerman 在研究中发现拥有自主学习能力的学生善于将元认知在动机和行为等方面的自我调节策略加以运用。在我国，很多专家学者普遍提出了在线授课方式设计的一般步骤，并且针对学生学习方式的自我分析都给予了一些解释，但对于如何设计满足学生不同学习方式需要的在线学习平台并没有给出具体的设计方法。

MOOC 教学平台也叫 MOOC 教学支持平台，它有狭义和广义之分。广义的 MOOC 教学平台既包括支持 MOOC 教学的硬件设施设备，又包括了支持 MOOC 教学的软件系统。也就是说，广义的 MOOC 教学平台有两大部分：硬件教学平台和软件教学平台。狭义的 MOOC 教学平台是指建立在互联网基础之上为 MOOC 教学提供全面支持服务的软件系统。

利用 MOOC 教学平台学习主要依靠学生的自觉性，学生自觉性程度的不同，反映学生不同的学习个性。平台通过对学生自身特点和学习任务的分析，实时记录学生的学习过程，即时获取学生学习主题、学习进度、学习思考及其他反馈信息，调整并形成个性化的学习导航系统。学习导航系统的主要内容包括：个人学习风格测试、选择课程、个人中心、课程中心等功能模块共同组成前台功能，根据个性化学习环境的设计需求，设计具有针对不同学生学习模式的课程学习模块。后台作为管理系统，实现对前

台包括用户信息、课程信息等数据的维护。从平台形成的个性化学习导航系统来看，个性化学习导航系统是据于学生的个性化学习，个性化学习导航系统形成后，又可以满足学生学习个性化的不同需求。因此，利用MOOC 教学平台学习，彰显了学生不同的学习个性。

3. 加强自我监管能力，适应 MOOC 学习的步调

从高等教育自身发展的需要看，以 MOOC 为标志的现代信息网络技术与学科课程教学的结合，极大地冲击着以课堂、教师、书本为中心的传统教学体系，教师、学生、教学媒体三者的关系也随之发生了根本性变化。因此，从学生方面来看，学生为了适应 MOOC 教学，应该加强自我监管能力。

首先，学生要加强自主性学习能力的建设。面对 MOOC 的冲击，学习者最需要具备自主性学习能力，强调学习的主观能动性，而学习自主性的缺乏也往往是 MOOC 课程出现高辍学率的重要原因，而自主学习的能力也恰恰是很多高等院校的学生所欠缺的一项能力，让学习者由被动学习转变为主动学习。作为 MOOC 学习的学生，要学着进行自我监督慢慢提高自己的自主学习能力。一是学生可以给自己设立一定的目标，要求自己在多久的时间期限中完成对多少知识的掌握，通过知识内容的相关测试，并在任务完成后给予自己一定物质或其他方面的鼓励；二是学生可以在学习的过程中使用一些标语作为自己的座右铭，比如：学海无涯苦作舟、学习是智慧的源泉和创新的动力等等，以期在学习的过程中给自己无形的力量；三是学生可以根据自己的选课兴趣建立相应的社团，认识志同道合的朋友，一起学习，一起讨论，互相分享学习过程中的经验与心得，从而起到互相监督、相互促进的作用。

其次，学生要选择适合自己的学习方法。古人云："世界上没有两片完全相同的树叶"，高校的学生也是这样，每个学生的知识背景不同、接收知识的能力也不尽相同，他们必须要学会在学习的道路上探索出适合自己的学习方法，才会避免东施效颦达到事倍功半的效果。比如，有的学生喜欢安静的学习氛围，否则无法集中注意力，而有的学生则觉得处在安静

的氛围中学习容易让产生困意，所以更喜欢在有一些声音的环境中看书学习；有的学生喜欢好多同学一起学习，一起谈论来学习新的知识，在互动中相互学习，而有的学生则喜欢自己一个人默默地钻研知识的乐趣，完全沉浸在知识的海洋中。总之，这些学习的方式无所谓好坏，只要的适合自己的就是最好的方法。

最后，学生要优化自己的学习习惯。好的学习习惯是培养自主学习意识的优秀导师。在 MOOC 学习过程中，要注意培养高等院校学生优良的学习习惯，遵循一定的学习规律，就必须注意以下两点：一是高等院校的学生在学习的过程中要避免学习时间过长或过短，因为过长的学习时间容易让学生对学习产生恐惧的心理从而影响下一次的学习态度；而学习时间太短暂又不利于学生对学习毅力的培养，且容易让学生随时放弃学习。二是学生在学习的过程中必须要做到心无旁骛，不能一心二用，只有这样才能更好的做到对知识的学习与吸收，与 MOOC 学习的步调一致。另外，学生需要劳逸结合，学会将几门不同的课程结合着进行学习，转换学习思维，这不仅能使大脑得到高速运转，还能提高 MOOC 学习的效率。

4. 利用网络协作，加强语言学习

由于 MOOC 课程来自世界各地，其所用语言也可能各不相同，但其中很大比例是英语语言，因此，应加强大学英语学习力度。目前大学英语是大学里规模最大、大学生最重视的基础课程之一，但也是最令大学生失望的课程之一。束定芳（2010）将"需求分析缺位"放到了大学英语教学存在的九大问题的第二位。蔡基刚（2012）认为大学生上基础英语课之所以出现普遍的懈怠的重要因素就是为学习语言而学语言，走的是完全语言驱动的路子，这并不能满足学生的专业学习需求或毕业后的职业需求。用来评估考生在专业工作上所需的英语能力的托业考试（TOEIC）在中国走红并迅速发展，正是这种需求的表现。可见，经济全球化刺激了社会发展需求，高等教育信息化、国际化带来了各学科发展的新需求，进而学生对于学习与自己专业相关的英语的需求也在不断增强。MOOC 作为一种新涌现的课程方式，其生命力与未来前景是不可估量的。为此，需加强英语语言学习。而英语语言本身的学习，也可以通过 MOOC 教学平台进行。

（1）大学英语教学与 MOOC 结合的可能性。兴趣是最好的老师，学生对课程的兴趣往往与课程内容紧密相关。大学英语课堂上由于人数普遍偏多，每个学生的兴趣爱好不同，课堂英语所涉及的内容话题很难满足每个学生的口味，但如果有 MOOC 参与课后学习，学生就可以有机会从大量的学习素材中选取自己感兴趣的内容。

语言学习需要足够的时间。母语的学习经历已经说明其耗时性，其相关佐证也不胜枚举。大学英语的课堂教学时间很有限，在这一前提下，课后的 MOOC 学习就为学生提供了大量的学习机会。语言的本质在于其交际功能，语言的交际功能性决定了 MOOC 可以配合大学英语教学。MOOC 在线平台提供了大量的在线交流机会，学生与学生、学生与教师可以在线上平台有大量互动，这与英语教学的交际功能不谋而合。

（2）大学英语教学与 MOOC 结合的可能模式。模式一：MOOC 在课后与课堂教学形成一体化课程。课堂教学的内容与课后的 MOOC 学习内容保持高度整合性，两者相互联系。在这种体系中，学生课后的 MOOC 选择往往要遵从教师的设定范围以保持线上线下的统一。这种模式下，课程的考核是两者统一而不分离的。在这一模式中，英语教师完全处于教学内容主导地位。模式二：课堂英语教学与课后 MOOC 学习形成两个独立体。学习内容可以分离，考核内容也可以分开进行。在这种模式下，学生对学习内容的选择有更大的主动权，可以更贴近学生的兴趣爱好。例如，FutureLearn 平台集合了各种以英语为媒介语的学习资源可供选择。在这一模式中，学生对"学什么"有了很大话语权。

总之，通过 MOOC 教学平台，可以提升学生英语语言能力，而学生英语语言能力的提升，又可以促进其他课程的 MOOC 教学。

5. 利用同伴互评，提高学习效率

（1）同伴互评的定义。同伴互评（Peer Review）是学生相互交换作业或测试并提出修改建议的协作教学活动，也被称作同伴反馈（Peer Feedback）、同伴反应（Peer Response）、同伴评论（Peer Critiquing）、同伴评估（Peer Evaluation）和同伴编辑（Peer Editing）等。美国亚利桑那大学刘汉森在《第二语言写作课堂中的同伴反馈》一书中对同伴反馈的定义是：在协作过程中学习者互动并提供信息，承担通常情况下由训练有素的教师、助教或编辑担任的角色和责任，以书面或口头的方式评价、批改彼此的作业。

（2）同伴互评的意义。同伴互评能促使学生在学习中扮演更加积极的角色，能给学生创造交流、思考和合作的机会，提高学生的学习积极性和自主性。同伴互评能够很好地实现有数千甚至上万学生参与的课程中对学习者学习效果的评价和成绩评测，在语言学、师范类专业中效果尤为明显。同伴之间的相互启发能够促进学生的深度理解，培养高阶思维。在文章撰写方面，同伴互评能够使学生相互借鉴、相互纠正语法等方面的错误，从而提高写作水平。同时，这种方法使得学习者可以接触到他人作品，增进同伴之间的情感和思想交流。互动和交流才是智慧最大层面上的流通，知识的流动不再是单向而是双向的。它是学习者彼此智慧和文化的接纳过程。这种教学模式凸显个性，符合培养创新人才的理念。同伴互评过程也使得学习者提前感受作为一名教师是如何进行作业审阅的，在一定程度上也是一种教师职前训练，为师范类学校的学生提供了实践锻炼的机会。

在 MOOC 系统中，要将主观类试题作为对学生学习效果的形成性和终结性评价的主要手段，同伴互评可以作为一种非常有效的实现方法。同伴互评机制的设立不仅使得主观类试题得到有效的评估，同时也有助于培养学生批判性思维能力，激发学生学习兴趣，降低学习焦虑感，增强其纠错能力，进而提高学习效率。匿名同伴互评反馈活动能够对评测结果作出更直接、更真实的反馈。

（3）评估采用的方法。适当的评估方法能促使学生在学习中扮演更加积极的角色，给学生创造交流、思考和合作的机会，提高学生的学习积极性和自主性。常用的评估方法如下：一种是吉布斯采样方法。吉布斯采样是一种从多个随机变量的联合分布中抽取样本的方法，广泛使用在贝叶斯推断和机器学习中。该方法适用于在符合某种条件分布的数据集合中抽取变量，它依赖所有其他变量的当前值，对其中每个变量进行迭代采样，因而采样具有较好的敏感性和快速收敛性。另一种是期望最大化方法。该方法被广泛地应用在模型参数估计领域，是解决对不可观察变量进行似然估计的一种方法。该方法的核心思想是：根据已有数据，借助隐藏变量，通过期望值之间的迭代，估计似然函数。该方法经过两个步骤交替进行计算：第一步计算期望值，利用对隐藏变量的现有估计值，计算其最大似然估计值；第二步最大化，即通过第一步求得的最大似然值计算参数的值，第二步找到的参数估计值被用于下一个第一步计算中。这个过程不断交替进行，逐步改进模型参数，使参数和训练样本的似然概率逐渐增大，最后终止于极大点。该方法的最大优点是简单和稳定。在评测过程中我们发现，两种方法的结果是相似的。只是期望最大化方法实现过程更快速，而通过吉布斯采样获得的参数结果更自然。

当学习者承担同伴互评责任时，需要慎重考虑测评任务和学习者能力之间的匹配性，确保学习者有相应的必备知识和技能。同伴互评往往是一种形成性反馈活动，对参与同伴互评的学习者来说，其本身也是学习的过程。从测评者的角度来看，同伴互评对学习者而言是很有意义的教学经历，尽管他们不是有经验的测评者，但是，同伴互评使得学习者有机会利用这一经历提高自己的测评能力，成为更好的测评者，与此同时，学习者也会意识到其学习责任。同伴互评能力和责任意识的增强可以通过学习设计有意识地建构。

然而，同伴互评是否适用于 MOOC 学习引起教师和研究人员的忧虑，针对 Coursera 平台的研究大多是在传统教学环境下针对大学学位课程进行的，且学习人数较少，因此其研究结果是否适用于 MOOC 环境下的学习还是未知数。从教师角度看，同伴互评也面临同样问题：一是信度，学习者给出的反馈或分数准确、合理吗？如何保证分数和反馈相关？二是专业水平，解决这一问题的关键是为学习者提供在同伴互评过程中可利用的相关工具。三是时间，使用同伴互评时，教师需要在教学规划而不是教学和指导上花费更多时间。

同伴打分属于相对简单的角色转换，由学习者担当教师角色对所分配的作业进行评分。在应用同伴评分模型时，教师要设计相应的评分标准，以便学习者能够轻松掌握并应用。评分标准要清晰明了，不至于引起争议，要给予学习者必要的测评指导并训练其使用评分标准。行之有效的方法是给参与同伴评分的学习者一些参考样本以减少不确定性。在引起争议或牵涉主观判断时，教师可适当参与，起到调节作用。通过同伴评分，学习者作为评分者能够更好地理解学习目标，从而提高学习成绩。

通过专家扮演，学习者承担指定领域专家责任评阅其他学习者的作业，如指定部分学习者作为专家评阅者评阅与其专业领域相关的作业，同时被评阅学习者授权专家评阅者对其作业进行评阅并提供反馈，并保持与评阅专家的沟通以保证评阅的公正和有效。在此过程中，教师充当规则的管理和指导者，确保学习要求和标准得以实现。对专家评阅者而言，测评意味着责任和付出，他们必须做出判断，证明其判断的合理性，并以批判性态度反思其测评结论。专家扮演的目的之一是将其思想和观点融入学习过程。

评阅专家在很大程度上要保证评阅的效果和效率，并探索从不同角度发展其作为专家评阅者的信心和能力。专家扮演评阅过程结束后，教师应对评阅结果进行反馈。此外，也要鼓励被评阅的学习者发表感想以表明其对评阅结果的接受和认可。通过这一循环，专家评阅者的信誉将得以强化。这一专家扮演同伴互评模型起源于戏剧表演训练，当前创造身临其境或亲身经历感的技术手段已相当成熟，这一身临其境或亲身经历感可以通过创造学习者合作平台应用到 xMOOCs 的同伴互评中，可以搭建在xMOOCs平台上，也可以利用在 SecondLife 等平台。

同伴互评模型设计理念受社交媒体工具应用的启发，具体设计和实施方法是：每个学习者都对其他学习者的贡献，如论坛发言、资料分享等活动进行反馈，可以是简单的"点赞"、"喜欢"、"不喜欢"、"转发"、"分享"或"收藏"等，也可以是要求更高的具体评分或文字反馈。另外，针对具体的学习内容、技能或能力，教师可以设置互评和反馈的范围和目标。相应技术的应用可将学习者参与互评活动的频率、次数和具体互评内容，以及其通过参与和贡献活动获得的互评和反馈等数据汇集、体现在其学习记录或档案中。此外，还可以要求学习者针对反馈做出评价，具体做法就是把学习者分成小组，每组只参与本小组的互评活动，然后跨小组匿名互评。

通过上述研究和分析，传统高等教育环境下行之有效的同伴互评经过适当改进可以满足 MOOC 环境下同伴互评的需要，另外也可借鉴 MOOC 环境下同伴互评设计原则和实践，然而最大的挑战是：如何利用当前的教育技术和学习设计实现 MOOC 环境下同伴互评的最大效用？其实，不管哪种形式的 MOOC，教师和研究人员以及学习者都要认识到同伴互评是需要共同学习、共同实践并不断完善的一项技能，不能指望通过简单的培训或阅读相关文章就可轻易掌握。相关技术和学习设计可以创造更容易掌握同伴互评技能的环境。在 MOOC 或联通主义学习环境下，同伴互评技能被认为是其属性之一，也是技术属性的体现和合作学习的特质之一；在传统课堂学习环境下，评价技能是通过结构化的学习设计和有经验的教师或研究人员教授的。鉴于 MOOC 环境下学习者规模问题，设计适合 MOOC 环境的同伴互评模型，这对 MOOC 持续发展有着重要的价值和意义。

第六章

MOOC 与中国高等教育管理

一、我国高等教育管理现状

经过数十年的改革与调整，我国高等教育管理体制优化取得了长足的进展，形成如今由中央统一领导、中央和省级政府双重管理、以省政府为主的高等教育管理新体制。尽管这种新体制是为了适应经济体制的形成和发展，对于调动各部门、各地区发展高等教育的积极性起到了很好的推动作用，为我国现代化建设培养了大量人才，但随着经济的发展、科技的进步以及经济体制的改革，我国的高等教育管理体制暴露了如下一些较为突出的问题：

（一）行政化趋势明显

行政化趋势的日益加剧是我国高等教育管理体制中的显著特点。高校行政管理体制在不断改革，并取得不少成效，但长久以来的行政化管理模式对高等教育的影响还依然存在。从当下来看，不论是主管部门还是院校自身，在工作中仍是按照行政化模式来操作和执行的，这客观上增强了高校的官本位意识，限制了高校的自主改革与发展，使得教职员工把精力都放在了如何谋取职位的晋升上，而忽视了对学术的研究与探索，高校内部"管理为主，教学为辅"的现象屡见不鲜。

（二）办学自主权得不到彰显

作为办学实体，高校应拥有与之相匹配的功能、职责。然而，政府部门通过项目立项审批、评估、评奖等方式，使行政力量介入高校管理的方方面面，无形中加大了政府对高校的控制，高校也产生对政府更多的依赖，直接促进了模式化管理的形成，使得高校丧失了自主改革与创新的活力，不能对变化做出与时俱进的反应，更谈不上以积极主动的姿态进行大刀阔斧的改革来促进自身的科学发展。

（三）与社会需求脱钩

尽管政府主管部门一直强调高校要主动适应社会发展需求，培养出高素质人才。然而，高校的专业、学科建设并没有与社会的需求挂上钩，众多高校的人才培养模式不是真正以社会需求为导向、以学术研究为中心，而是陷入追求高层次、综合性的盲目攀比中，导致教育资源被滥用和浪费，学生所学的专业知识不能直接应用到工作实际中去，学用脱节，不能满足社会需求。

（四）过分追求利益

在当下的社会环境氛围中，不追求利益已经与清高接近相提并论了，高校亦不能免俗。近年来，伴随高等教育大众化，高校纷纷进行扩招，既满足了大部分人的上学愿望，又减轻了贷款负担，但客观上造成了教育质量的下降，降低了人才的素质水平。在追逐利益的过程中，一些高校教师诚信缺失，为了评职称、升待遇，在学术和专业上面弄虚作假，也直接影响了高等教育的形象。正因为上述的这些问题，随之产生了一定的负面影响。一是优秀的教育资源分配不均。顺应社会普遍重视理科的现象，文科院校所获得的优秀资源就明显比不上理科院校；东西部地区之间在优秀学校的资源和录取学生的比例方面存在着很大差异；国家对重点院校与普通院校的投入也相去甚远，使浪费与负债累累等现象同时存在，许多高校处于畸形发展的状态。二是人才质量和水平下降。科研与教学是高等院校同等重要的两大基本职能，多数高校过分强调科研的重要性，直接导致了教师教书育人的积极性下降，同时伴随生源数量的增加，总体教学水平明显下降，在日益激烈的就业压力下，大学生的就业困难与教学质量的下滑或多或少有着一定的关联。

二、国外高等教育管理

近年来，国外发达国家针对教育管理体制方面存在的弊端进行了广泛而深刻的改革，应该说，均权化是各国改革的主要方向，即从集权制、分权制这两个极端向中间态势发展。

（一）集权式教育管理体系的分权化

实行集权式教育管理的国家，注重发挥中央统一领导的作用，集中资源，统筹推进全国性的教育改革，有效调节各地区教育发展的不平衡，比较有代表性的是法国。但权力的高度集中会严重束缚地方政府和影响地方政府对本地区教育事业发展的主动性、积极性和创造性的发挥。同时，因为缺乏对统一、集中权力的必要制约因素，官僚主义、形式主义和教条主义之风在高校内部盛行。有鉴于此，逐步加强民主化、法治化，给地方和高校以更多的权力，是集权制国家高等教育管理改革的重点方向。中央与地方之间是直接遵从关系，地方政府遵循中央的旨意办学。近年来，法国进行了持续不断的教育改革。一方面，加强对中央政府权限的制约作用，提高中央政府决策的科学性，建立由各方面代表组成的各种咨询、审议结构以及从中央到地方的教育督学制度；另一方面，逐步扩大地方教育行政机构的权限，如适当增加地方及教师、学生、家长参与教育管理的机会和权利。这些举措都是分权化与民主化的体现，尤其是法国的高等教育，在经历过"五月学潮"之后，高校发生了称为"结构性改革"的变化，自主权得到了极大的彰显。

（二）分权式教育管理体系的集权化

实行分权式教育管理的国家，以分权方式有效地调动各方的主动性，开展竞争，促进发展，在一定程度上弥补了中央集权制的缺陷，比较典型的是美国。但分权制的缺点也是显而易见的，即容易导致权力分散、标准不一，不能集中力量，重点发展。因此，为有效地推行国家教育计划，地方分权制的国家也正在逐步加强中央政府的集权。这主要体现在两方面：一是建立国家层面的教育机构以强化中央政府对教育的管理；二是合理运用拨发教育经费的经济手段，直接而且鲜明地体现中央政府的意图和发展重点，从而有效地将教育置于国家战略计划的掌控中。美国教育管理的特色就是地方分权，有着较长的历史。为了使高等教育得到更好的发展，美国通过实施一系列改革措施，不断加强和扩大联邦政府的教育行政作用，由分散渐渐转向集中，使得联邦政府对教育的影响越来越大。虽然联邦政府没有直接对高校教育进行领导，但先后制定了多项政策举措来加大对教育体系的管理力度。例如，联邦政府增加有条件的对地方教育经费的补助拨款，弱化、限制地方教育权力；提出建立国家层面的教育质量标准，并辅之以相应的考试制度来检验和评估各地的落实情况；等等。这些举措有力地扩大了联邦政府在协调、管理教育事业方面的权力，表明美国教育管理体制改革出现集权化趋向。

无论是实行中央集权式教育管理的国家正逐步推进分权，还是实行地方分权式教育管理的国家开始重视并加强中央的宏观调控，都呈现出均权化的态势，最终会达到某种程度的动态平衡。它们的共同目标之一就是力图使本国的教育事业健康、科学、持续发展下去。

三、我国高等教育管理体制

（一）完善高校管理模式，促进高等教育管理体制改革

二十多年来，高等教育管理体制改革始终是我国高等教育改革和发展的核心主题。结合我国的具体国情及对其他国家管理体制的改革经验的学习，在相关方针政策的指导下，健全完善与我国经济体制相适应的高等教育管理体制应做到以下几点举措：

1. 政府部门对高校实行"间接"、"有限"的管理

从国外大学教育管理体制改革的经验不难看出，政府进行更多的宏观把控可以促使高等教育多样化，更好地适应社会需求。所谓"间接"，就是不要直接干预高校的管理工作；所谓"有限"，就是只在把握办学方向等重大问题上介入管理。政府部门通过采用"间接"、"有限"的手段进行调控和管制，为高校的改革和发展提供保障和动力，这样不仅能有效避免高校管理模式的僵化，还可以有力提高高校办学的灵活性与变通性，从而更快更好地推动高校科学发展。

2. 增加高校在办学方面的自主权

这种自主权是特指高校作为一个独立的社会组织所固有的私权，如在招收学生、调整专业、财政开支、筹措经费等方面的自主决定权。这并不意味着要政府部门放开对高校的管理，而是要求政府部门转变管理方式，即从直接行政管理转向宏观目标管理。政府部门不应该也不能对高校的各项事务插手，而是要加强其对高校管理工作的协调能力，让高校对自身内部的事务具有充足的话语权、处置权，能够独立自主地解决自身事关发展

的核心问题，充分激发高校的办学活力。

3. 完善社会监督管理机制

根据国外大学教育管理的经验，非官方的鉴定机构作为第三方对高校进行监督这一做法，对提高高等教育质量起着至关重要的作用。而在我国，这一环节则显得较为薄弱。提高高校高等教育管理水平并完善社会监督管理体系是有效的措施之一。高等教育主管部门应充分发挥社会机构参与高等教育管理的作用，组织、委托有关社会团体、学术机构经常性地对高校办学成效进行评议，或组织大学相互之间进行交叉检查评估，激发竞争机制，督促高校不断深化改革，提高教育质量，朝着科学健康的方向发展。

4. 加大力度推进多元化办学

长期以来，我国的高等教育由政府包揽，即便是"国有民办"的出现也没能突破政府的范畴。随着高等教育管理体制变革的深入，政府推动民间办学与联合办学并存，这不仅能够优化教学结构，还为合理地开发利用教学资源开辟了新天地。政府部门要加大力度，推进多元办学，引导行业、企业等社会力量参与高校联合办学，鼓励民间投资办学，探索建立教育共同体，突出优势互补，实现优质教育资源发酵与共享，逐步形成以政府为主体、社会公众积极参与、公办教育与民办教育齐头并进的良好趋势。

5. 充分发挥教职员工参与学校管理的积极性

民主管理是高等教育持续发展的有力保障，高校教职员工的文化素养较高，在民主建设和民主管理方面具有其他机构不可比拟的优势。从国外大学来看，其内部管理都表现出明显的民主性。教职员工置身其中，对高校的学科、专业建设，教学、科研、服务管理等方面都具有较好的发言权。因此，激发教职员工参与学校管理的主观能动性，不仅有利于民主意识在教职工中的培养和提高，更有利于领导者集中和依靠广大群众的智慧和力量，推动高校和谐发展。

（二）强化学生主体地位，建设特色高等教育管理体制

1. 转变教育观念，突出学生主体地位

高等教育教学是以学生为主体，高等教育管理也应体现学生的主体地

位。教师要结合学生实际情况选择难易适当的案例。教师在教学时如果选择的案例过于简单，学生轻而易举就知道结果，这样就无法调动学生的积极性；但如果选择的案例过于困难，就会给学生造成无法解答的困扰，当他们发现现有的知识无法解答问题，就会挫伤他们的积极性，从而无法达到预期的效果。在选择案例时，教师要选择具有举一反三作用的典型案例以加深学生对知识的理解。选择的案例要具有趣味性，因为学生对纯理论知识不感兴趣。要想激发学生的兴趣，可以通过案例教学法来教学生学习并且发挥他们的主体性，让他们置身于案例实践中进行思考与交流。在这个过程中要想深化学生的思维并且培养学生的创造性思维，就要让学生通过自己的努力去收集并分析资料。分组讨论是案例教学的主要方式，让学生分组去完成自己的任务，并且最终的评价结果要以小组为单位，这使他们必须要一起合作，使小组获得高的评价，同时使自己得到认可。如果在教学中忽视实践教学的地位，只注重传统知识理论的教授，就会导致学生分析解决问题能力下降。案例教学便是将实际与理论相结合，让学生在特定的情境中，运用理论课上所学的知识在问题的思考与剖析、讨论与协作中大大提高学生分析和解决问题的能力。做好案例教学的基础与前提是选好案例，以案例作为教学的出发点，如果对于案例的选择不当就必然会影响教学的效果。所以，案例教学必须要精心选择案例。首先，要选择符合教学目标要求的案例；其次，为了确保案例教学的效果、避免引起歧义，就要选择严谨、专业的案例；再次，教师要选择富有趣味性的案例，加以图文资料的案例，用故事形式描述出来的案例来调动学生的好奇心。在案例教学中，教师只起到指导作用，学生的主体地位必须充分凸显。教师在案例教学中要不断与学生互动，在学生进行案例讨论时加以引导，确保学生不会偏离主题，发挥教师的积极引导作用。因此，教师引导要巧妙而有针对性，指引学生对话题进行有针对性的分析讨论。

2. 建设中国特色社会主义高等教育管理体制

高等教育管理体制是各个国家的高等教育在特定的政治、经济和文化背景中形成的，某一种具体的管理体制只适应于相应的国家。我国高等教育如果想要在这方面有所突破和发展，就要充分考虑到国情实际，而不能只是简单地照抄照搬。高校应积极转变观念，因地制宜、因时而异、适时适度地借鉴国外先进及成功的管理体制和理念，建立和实行具有中国特色的高等教育管理体制，不断提高高等教育教学质量和管理水平，这样才能使我国的高等教育在与时俱进中保持先进性，不断培养出社会需要的高素质人才，更好地为建设中国特色社会主义伟大事业服务。

（三）抓好本科教学，推进高校教学评估工作

1. 我国高等学校教学工作水平评估活动有着深厚的历史根源和时代背景

如今，迎评促建是我国普通高等学校的一项重要工作。为了迎接教育部的高校教学水平评估工作，高校纷纷加大投入力度、大力发掘本校资源、努力提高教学水准，力争达到迎评促建的目的。当今世界科学技术迅猛发展，为了增强自身的经济实力和国际竞争力，世界各国普遍正视高等教育在参与国际竞争中的重要作用，许多国家提出"科技立国"、"教育立国"的基本国策，从而把高等教育推向了国际竞争的最前沿，通过高等教育培养大批高新技术人才以赢得全球竞争的优势。与此相适应，高等学校的办学质量和教育教学水平直接决定了各国人力资源开发的潜力和质量，决定了一个国家核心竞争力和可持续发展后劲的强弱。因此必须强化质量意识，提高高等教育教学质量并推动教育教学创新，并为取得这些成就而不断加强高校质量体系和评估制度的建设。

我国有领导、有计划地开展高校教学工作评估是在1985年《中共中央关于教育体制改革的决定》公布之后，该决定第一次使用了"高等学校办学水平评估"一词。它不仅是高等学校教学工作评估开始的标志，而且是高等教育管理由高度的计划经济体制下的集中统一领导逐步向市场经济体制管理转变的开始。1986年，国家"七五"计划中强调加强教育立法，逐步建立系统的学校评估和监督制度。1990年原国家教委发布的《普通高等学校教育评估暂行规定》，也为高等学校工作评估政策的制定奠定了基

础。高等学校教学工作水平评估是教育部实施"质量工程"的重要内容。

2. 抓好本科教学是提高整个高等教育质量的重点和关键

教学评估本着"以评促改，以评促建，以评促管，评建结合，重在建设"的方针，具备如下特征：第一，权威性：专家组受教育部委托；第二，基础性：质量是高等教育的"生命线"，本科教学是一切高等院校教育质量的基础；第三，社会影响性：公布评估结果，对于学校的社会形象和社会地位具有广泛而深刻的影响；第四，综合性：名义是教学评估，实质是对学校办学水平和能力的综合评估。教学评估的目的是促使学校自觉地按照教育规律不断明确办学指导思想，改善办学条件，加强教学基本建设，强化教学管理，全面提高教学质量和办学效益。

我国高等教育的根本任务是培育拥有创新精神和实践能力的高级专门人才，发展科技文化，推进社会主义现代化建设。由于高校的核心任务是培养人才，人才培养的核心环节是教学工作，故教学工作永远是学校的核心工作，其地位必须切实加强，不能削弱。因此，教学评估的重点和关键是教学评估的质量。各类高等学校都必须高度重视教学的质量建设，把强化教学工作列入首要的工作日程，切实增加对教学工作的投入，确保本科教育质量水准不断提高。

3. 教学水平评估是高等学校改革、建设和发展的经常性监督的必要手段

教学评估实行以来，高等教育整体质量在不断提高，但是一部分学校还是存在师资队伍不足、教学条件紧张等问题，如教育经费长期投入不足、教育质量还存在潜在因素等影响。针对这些问题，教育部计划 5 年内对全国高校进行全面质量评估检查，大面积推动高校教学质量的提高。新的评估体系对高校教学硬件和教育水平进行了严格要求，增加了控制规模和质量的师生比、就业考查、生源情况和校园网建设等多项内容，并将培养大学生创新能力和动手能力的实践教学作为评估的核心指标之一，还对教学管理、教学效果等软件环节的建设也提出了指标要求。

教学评估对推动高校教育水平的整体提高具有关键性作用，亦是始终提高教育质量、始终满足人民群众日益增长的教育需求、始终适应社会对

人才培育的要求、加速推动社会主义现代化建设的必然要求。教育部开展高校教学评估，是国家对学校办学条件、教学质量和管理水平的全面检查，并将评估结果由教育部通过媒体向社会公布，这与每一个师生员工切身利益息息相关，其重要性和艰巨性是不言而喻的。

4. 抓住教学评估的难得机遇

教学评估工作是学校建设发展史上的一次难得机遇，是提升办学水平的重要途径，其理由有四：其一，在教学评估过程中，由于评估工作的推动，学校和其上级部门必然要努力增加学校的经费投入，以改善学校的办学条件。其二，评估决定着学校的前途和命运，"校兴我荣、校衰我辱"，抓住迎评工作这个机遇，学校的各部门以及全体教职员工都来关心学校的建设关心教学，从而把学校整体带上一个新台阶。其三，教学评估促进教学制度的完善。学校的教学秩序是靠制度来保障的，教学评估可以促进学校加强制度建设，整顿教学秩序，规范教学活动。其四，教学评估促进教学质量的提高。教学评估是根据一套教学评估体系来进行，依据教学评估指标体系，学校和教师在专业建设、课程建设、教材建设、教学管理、师资队伍建设、校风学风建设、特色建设、人才培养模式等方面就有了方向，就可以促进教学改革和创新，进一步提高教学质量。高校教学水平评估是一次难得的机遇，借此机会高校当扎实做好本职工作，使教学质量、教学管理水平和办学效益得到明显提高。

四、MOOC对完善我国高等教育管理的启示

（一）MOOC 广受欢迎，促进教学变革

自 2012 年以来，MOOC 在全世界开始流行，成千上万甚至是十几万人

一起学习一门课程，课程组织、教学、考核等模式都发生了巨大的变化，这也给世界各国的高等教育带来了极大的影响。许多国家和地区的顶级大学都纷纷宣布加入 MOOC 行列。例如，哈佛大学和美国麻省理工学院先后推出 MOOC 网站 edX，随后北京大学、清华大学、香港大学等高校均宣布加入该网站。

北京大学前校长周其凤在卸任时提到了五个梦想，其中谈得最多的就是通过网络课程让全国人民共享北大优质资源的设想，他说："如果北京大学在这方面不努力，可能有一天学生坐在燕园里上的课程是哈佛的课程、MIT 的课程、牛津的课程、剑桥的课程……不要落伍，北京大学不能落伍。这个事情既能提高我们的教育质量，也能提高北京大学的国际影响力。事实上，如果我说得严重一点，也许关系到存亡的问题。"清华大学前校长陈吉宁也坦陈："这场变革犹如一场海啸，它颠覆传统的教育观念，它同样也能给高等教育带来重大机遇。"虽然信息技术对教育的重要作用很早就受到了社会各界的认可，并且"信息技术对教育发展具有革命性影响，必须予以高度重视"也被写进了《国家中长期教育改革和发展规划纲要（2010—2020 年）》中，可是坦诚地说，自 20 世纪 90 年代教育信息化大发展以来，能让如此多的一流高校高层领导对信息技术教育应用如此重视的，也只有 MOOC 了。为什么大家会对 MOOC 如此重视呢？难道仅仅是 MOOC 受到了无数人的欢迎吗？对于 MOOC 的意义，复旦大学副校长陆昉认为，MOOC 并不仅仅实现了优质教育资源的共享，还进行了切实发生在大学肌理深处的"教学改革和新的教学模式的探讨"。

谈到高等教育改革，实际上这是一个永恒的话题，此前有人建议是否可以借鉴企业中的业务流程再造的做法，对教育流程进行翻天覆地的变革。所谓业务流程再造（Business Process Reengineering，BPR）是 20 世纪 90 年代由美国麻省理工学院教授 Michael Hammer 和 CSC 管理顾问公司董事长 James Champy 提出的，指"为显著改善成本、质量、服务、速度等现代企业的主要运营基础，必须对工作流程进行根本性的重新思考并完全变革"。其基本思想是必须彻底改变传统的工作方式，从根本上重新思考，进行彻底的变革，以求得显著的进步，并从重新设计流程入手。面对业务流程再造在企业获得的巨大成功，许多学者想到能否将其引入到高校管理中。这方面比较成功的例子是麻省理工学院（MIT），MIT 将其定义为：对学校的支持性流程（Support Process）进行根本的再思考和彻底的再设计，以获得绩效的巨大提高。对行政流程进行再造，主要目的是改善学校与顾客（包括教职员工、学生、家长和企业）之间的关系，充分利用现代信息技术，消除学校内部的本位主义，保证教学与科研的正常开展。1994 年，经过系统研究和分析，MIT 选择了 6 个流程作为再造的重点，分别是报告关系、邮政服务、设备管理、学生服务、供应商整合和人力资源管理，并成立了 11 个再造小组负责具体事务。每一个流程的再造分为如下 4 个步骤：①流程的分析和再设计阶段；②流程的试验阶段；③流程的试点阶段；④流程模型的全面实施阶段。MIT 的管理流程再造取得了明显成效，既节约了经费又提高了效率，极大地促进了 MIT 的教学发展。

对于高校来说，行政管理固然重要，但教学过程本身亦非常重要，所以，对于教育流程再造来说，MOOC 不仅是对传统的高校管理体制的根本性改造，而且也是对传统的教学模式的根本性再造。事实上，长期以来，许多人从不同角度提出了许多种改革方法，如通识教育、联合培养、小班化教学、跨学科培养等，也都起到了很好的作用。只不过，MOOC 的问世让大家感受到了颠覆性变革的力量，让大家看到了对教育流程进行根本性再造的曙光，所以 MOOC 才会吸引各界人士的目光，才会受到众多大学校长的热捧。

（二）MOOC 独特魅力，改变网络教育的认知

2011 年，斯坦福大学教授塞巴斯蒂安·史朗把为研究生开设的"人工智能导论"课程在互联网上公开，共吸引了来自 190 多个国家的 16 万余名学生，其中有 2 万人完成了课程学习，从而掀开了 MOOC 的新篇章。MOOC 的三驾马车 Coursera、Udacity、edX 受到了高校、基金会、企业等各界人士的认可。在亚洲，北京大学、清华大学、香港科技大学、香港中文

大学、东京大学等都宣布推出 MOOC 课程。可以说，MOOC 已经席卷了全球，吸引了教育管理者、研究者、教师和学生等各领域的人士，由此可见 MOOC 的卓越影响力。

可是，MOOC 为什么会有如此大的影响力呢？究竟是什么因素使得 MOOC 如此吸引人？让我们将 MOOC 与传统课堂、传统网络课程、MIT 开放课程计划等做一下比较。是因为 MOOC 中的课程内容很精彩吗？确实，很多 MOOC 课程很优秀，如桑德尔教授讲授的"公正"，的确能够让人感受到听课是一种享受。可是，传统校园中难道就没有精彩的课程吗？面对面的精彩讲授不是更生动吗？而传统的网络课程其实也问世很长时间了，中国已经有几十家网络教育学院开设了网络课程。MIT 于 2001 年开展开放课程计划，将所有的课程资料都在网络上公开，虽然也引起了轰动，但吸引学生的程度远不及 MOOC，这是为什么？仔细想想，MOOC 的影响力主要来自名校、名师、精品、开放、免费、移动等因素。首先是"名校"和"名师"。对于一个学习者，有条件的话自然是希望向最好的老师学习，所以人们对名校名师的热捧几乎是一种本能，而 MOOC 恰好提供了这样的机会。例如，MOOC 的三驾马车，都是由名校或名校的教授牵头来建设的。其次是"精品"。很多人认为网络教育是"低质量"的代名词，而事实上那种照本宣科的课件确实容易让人昏昏欲睡。而大家熟知的一些 MOOC 课程，教师教授得好，录制得也很精美，堪比优秀的电视节目片。再次是"开放"。开放是当下的时代特征，就如超女想唱就唱，博客想写就写一样，人们希望能够随时随地学习，而 MOOC 正好迎合了这些需求。又次是"免费"。免费是这个时代的另一个特征，尽管大家都知道"世上没有免费的午餐"，但是大家都希望所有东西尽量免费，所以现在很多产品，尤其是边际成本较低的软件产品都逐渐免费了，逼得企业去寻求广告等其他盈利模式。MOOC 号称免费，让大家免费获取最优秀的课程资源，这一点使其具备了无穷的魅力。就算将来 MOOC 收费了，因为其规模效益较好，仍然可以低廉的价格提供优质的课程，这也符合当前互联网时代的发展趋势。最后是"移动"。这个因素实际上十分关键，我们不妨想一想从前的电视教育课程、传统网络课程及 MIT 的开放课程计划，原本这些课程中也都有很多出色的讲授视频，如中央电大当年录制的课件，也是请最好的教师教授，录制技术也堪称完美，一样的视频、一样的课程、一样地优秀，为什么没有如 MOOC 一样吸引如此多的人呢？这是因为我们现在处于移动时代，智能手机、平板电脑的快速普及，让绝大多数人尤其是白领和学生，都有了随时随地学习网络课程的机会，而在 10 年前，学生要想看网络课程，还需要到专门的机房去学习，或者一定要回到家里或宿舍的电脑旁边学习。或许就因为需要多走几步路，就将学习动机全部打消了。

概而言之，MOOC 之所以如此引人注目，就是因为 MOOC 在正确的时间做了正确的事情。在以上诸多因素的综合作用下，实现了网络教育的质变。不过，在对 MOOC 一片赞美的热潮中，我们也需要保持清醒的头脑，要认识到尽管 MOOC 对于高等教育改革有着重要的作用，但是也还存在着许多问题：如许多人都在撰文赞美 MOOC，可是这些人是否都认真地学完了一门或多门课程呢？有很多高校和教师开设了 MOOC 课程，可是除几个名校和名师，大家又能记住多少人呢？随着 MOOC 课程越来越多，是否每一门 MOOC 课程都会很受人欢迎呢？简而言之，是否披上 MOOC 的外衣就顿时高贵了呢？未来会不会像现在的电影呢？大家都说喜欢看电影，可是大家真正去电影院看的可能只是少数几部优秀的电影。大家都说 MOOC 好，其实只是其中一部分课程好。

（三）MOOC 社会认同，促进高等教育教学变革

有人认为，MOOC 的社会认同越高，对高等教育的影响就越大甚至导致部分高校消失。大部分高校不会消失，但是 MOOC 对高校一定是巨大的挑战，迫使高校必须进行变革。不过任何事情都是相辅相成的，MOOC 也许是高等教育变革的一个重要机遇，借此或许可以实现高等教育的根本性变革。

自信息时代以来，许多人认为教育需要进行根本性变革。著名管理学家德鲁克在 1992 年就曾说过：作为规律，对某一知识主体影响最大的变

化往往并非出自本领域内。可以预言，学校和大学，自从 300 年前以印刷品为核心重新组织以来，教育从未改变过自己的形态，但它也将发生越来越激烈的变化。这一变化的动力部分来自新技术的发展，如计算机、录像和卫星技术；部分来自知识工作者终身学习的需要；部分则来自人类学习机制的新理论。美国政府在 2010 年 11 月颁布的《国家教育技术计划》（NETP）中指出：如果想要看到教育生产力的显著提高，就需要进行由技术支持的重大结构性变革，而不是进化式的修修补补。阿兰·柯林斯和理查德·哈尔弗森在《技术时代重新思考教育》一文中也认为，在家上学、移动学习、泛在学习、工作场所学习、翻转课堂等新型教育模式，使终身学习成为可能。技术时代需要重新思考学习，重新思考动机，重新思考重要的学习内容（课程），重新思考职业，重新思考学习与工作之间的过渡，重新思考教育领导，重新思考政府在教育中的作用。由此可见，高等教育领域的结构性变革是必然的，只是时间迟早，而 MOOC 本身虽然不是万能的，但是可能是一个很好的机遇，以 MOOC 为诱发因素，结合相关技术，有力地推动高等教育教学进行根本性的变革，或者说，实现教育流程的再造。

1. 教师角色再造："失落"的讲台

医生、演员和教师来做比较，可看到一个特点，就是医生在检查和治疗病人的过程中，事实上有一支庞大的支持团队，包括检验师、麻醉师、护士等，这些人都是为医生直接服务的，使得医生取得最好的治疗效果。对于演员来说，在舞台上表演或者拍摄电影，实际上也有一支庞大的支持团队，包括舞美、道具、灯光、音响等支持人员，这样演员才能取得最好的演出效果。而教师则不然，虽然学校也有辅助人员，但是在具体上课过程中，从准备课件到设备控制，基本都要自己一个人完成。原因很简单，如果每一位教师在课堂上课过程中都需要较多的支持团队，目前的高校是无法承受的。但在 MOOC 中不一样，因为一门 MOOC 可以同时供成千上万甚至几十万人一起学习，这就产生了规模效益，就可以为主讲教师配备多名助教、教学设计专家、课件设计专家等，来协助教师准备课程、设计课件、协助教学等。这样或许真的会出现 MOOC 的教学效果比面授效果还好的局面。但是我们也要注意教师尤其是高校教师，是一种特殊的职业。尽管高校鼓励教师在教学科研等领域进行广泛合作，但是在教学领域基本上是比较独立的，每一位教师，不论水平如何，都可以在自己的讲台上充分阐释自己的观点，不用担心自己为其他教师所取代。目前的教育领域，教师基本不用担心这一点。但是在 MOOC 时代则不一样，前面已经阐述了 MOOC 的成功因素，就是希望请名师来讲课，精心制作，希望得到比面授还好的教学效果。如果真的实现了这样的效果，那么对于许多课程，如"高等数学"，理论上全中国的学生可以只听一位优秀的教授讲课，本地教师都只是作为辅导教师或助教了。如此，对于大量从教学者变成助学者的老师，思想上是不是会产生一种"失落感"呢？总而言之，在 MOOC 时代，教师或许不再是传统的单一教师形象，教师群体会更加多元化、职业化和专业化，其中有主讲教师，有辅导教师，有助教，甚至还有"导演"（教学设计专家）、"舞美"（课件设计专家）和"道具"（教学资源专家）等，在这一批人的通力协助下才能取得最好的教学效果。只不过，在这个过程中，可能会有部分教师感到"失落"。

2. 课程模式再造："乱中取胜"的课堂

中国高校的课程大部分都是由本学校的教师面对面讲授的，很少请其他高校的老师来讲授（民办高校除外）。不过，这样可能会存在一个问题，即一些学校根本开不出或者开不好某些课程。例如，一个工科学校可能没有足够的人文学科师资来开设大量人文通识课，而在如今重视基础和通识的时代，这些课程也是非常重要的。那么 MOOC 是否提供了一个新的思路呢？可否引入 MOOC 或其他网络课程，让学生看视频学习，然后安排辅导教师检查作业，组织考试，并给予学分，这样不就可以开设一些原来无法开出或者开不好的课程了吗？事实上，中国一些高校已经在进行类似的尝试。当然，这样的课程组织模式也不一定非要拘泥于 MOOC 的形式，如上海高校就推出了中国式 MOOC：在上海市教委的牵头下，30 多所上海高校联合成立了上海高校课程资源共享管理委员会，鼓励各个学校的优质课程向其他的高校学生开放。参加的学校包括"985"、"211"的大部分市属高校，还有部分民办高校。这样一位教师在课堂中讲课，其他高校的学生可以通过网络同步上课，某种程度上确实实现了优质资源共享。如果我们将改革的步子迈得更大一点，是否可以让学生直接在一些经过认证的MOOC平台上学习课程，然后通过相关学校组织的考试，或者通过本校组织的考试，就授予相应学分呢？如果这样，是否就真的实现"教考分离"了呢？

以上其实主要考虑了如何用优质的视频课程替代面对面讲授，但是如果和翻转课堂（Flipped Class Model）结合起来，可能就真的实现课堂变革了。翻转课堂是自2007年开始在美国及世界各地流行起来的一种教学模式，传统的教学模式是老师在课堂上讲课，学生回家做作业。在翻转课堂教学模式下，学生在家通过看视频完成知识的学习，到课堂上做作业并和大家讨论。当然，不管用何种方式组织课程，其实一切都取决于学习者的主动性，虽然目前很多学生在MOOC上很热闹，但是他们是否会很认真地自己学习完相关课程，还未可知。因此，不管课程模式如何变化，都需要想方设法调动学习者的积极性。很多人对翻转课堂这一种模式很推崇，认为它是兼顾了班级制教学和个性化教学的教学模式，可以最大限度地促进学习。将MOOC和翻转课堂结合起来，高校的学生可以在课余时间在网上学习最优秀的授课视频，到课堂上后，可以和本地老师、同学进行面对面的讨论和交流。简而言之，MOOC提供了一个机遇，让我们重新考虑大学课程的组织模式，高校可以利用MOOC开设原来开不出来的或者开不好的课程，也可以利用MOOC的形式进行联合上课，打造教学共同体。当然，结合翻转课堂等模式还可以实现课堂教学模式的根本创新。表面上看起来课程模式很混乱，但是或许借此可以给学生最优质的课程资源，在一定程度上促进教育公平。

3. 组织机构再造："非核心"教学社会化

Drucker曾说：自"二战"以来的50年里，从来没有哪个组织中出现过像美国军队那样彻底的变化：军服未改，军衔依旧，但武器装备却发生了根本性的变化。军事观念和概念的变化则更加激烈，与此类似的还有武装部队的组织结构、指挥结构、单位隶属关系和职责。机构怎么变革呢？让我们看看高校近年的变革，其中"高校后勤社会化"基本得到了社会各界的一致认可。大家认为，高校后勤不属于高校的核心业务，按照"组织应该专注于核心业务"的理念，这些后勤业务可以逐步交给社会来承担，在实践中也取得了不错的效果。美国军队的变化是从装备到观念，再到组织结构的全方位的变化，而在教育领域，这样的全方位的变化尚不多见。但是流程再造一定是根本性的变革，这必然涉及教学机构的变革，涉及高校的"非核心"教学社会化。

考虑到MOOC等新型教育模式的趋势和力量，我们是否可以效仿"高校后勤社会化"，将一些非核心教学社会化呢？当然，所有的教学业务都应该是高校的核心业务，只是也需要分别考虑，比如不管什么类型的高校，一般都会给学生开设公共英语、语文等基础课，包括一些艺术等人文素养的选修课。对于一些学科门类比较齐全的高校，一般可以由各学科的老师来兼任这些公共基础课或选修课的教师。但是对于一些学科比较单一的高校，如工科、医学等高校，往往会成立一个公共基础教学部门或类似部门，专门来讲授一些公共课或选修课。但是我们仔细想一下，在这样的高校，尤其是一些研究型大学，这些公共基础教学部门中的教师的专业发展可能会存在问题，如在一个医学或工学院校，一位讲艺术公共课的老师在专业上的发展可能会存在问题，因为艺术学科在这个高校是边缘化的学科。

那么，我们是否可以利用MOOC等方式将这些学校的非核心教学业务社会化呢？例如，这些学校不再设立专门的公共基础教学部，而是让学生通过MOOC网站学习相关课程，或者通过网络同步选修其他学校开设的同类课程，如多个高校的学生不妨一起选修某高校中文系优秀教师开设的"大学语文"课程。如果真的这样改进，对这些讲公共基础课的老师未必就是一件坏事情，对于那些特别喜欢讲课的老师来说，可以利用这种方式给更多的人讲课，体会更多的成就感，在其他方面也有更多的收获。甚至或许部分公共课老师可以成立专门的课程公司，形成教学团队，为其他高校师生提供更加优质的公共课程外包服务。

4. 管理方式再造：用数据说话

随着信息技术的快速普及，随着物联网的发展，人类积累的数据越来越多，大数据（Big Data）也逐渐进入了人们的视野，并从 2009 年左右开始成为信息技术行业的流行词汇，尤其成为企业界追捧的热点，人们希望透过数据分析前沿技术，从各种各样类型的海量数据中发现一些隐藏在其中的规律。例如，超市可以从海量购物数据中发现人们购买商品的习惯，从而决定商场进什么货物，或者如何摆放。大数据提出以后，自然也受到了教育研究者的关注，如以关注学习过程为核心的学习分析（Learning Analytics）研究已经成为研究热点。在学习数字化尤其是教育大数据的背景下，如何综合应用教育数据挖掘、人工智能、自然语言处理等技术对学习过程中产生的多个层次的数据进行分析，并提出针对性的学习建议策略，成为了国际学术界非常关注的问题。

第七章
结论与展望

一、结论

（一）我国高等教育传统教学模式具备变革的必要性和可行性

本书采用 SWOT 方法分析 MOOC 在我国高等教育应用的优势、劣势、机遇与挑战，进而论述我国传统教育教学变革的必要性和可能性，以及 MOOC 在中国高等教育教学中应用的各方面的优劣势态以及给教育行业带来的机遇和挑战。MOOC 作为一种新型的教育学习模式，是技术层面和教育领域的巨大变革。MOOC 实现了信息技术创新，大数据、云计算和人工智能等技术将高等教育从工业化时代带入到数字化时代，而 MOOC 通过整合在线学习、大数据分析、移动互联网等相关概念，实现大规模的面向实时信息的交流和互动，将大规模在线课堂从设想变成现实。另外，MOOC 提供的课程教学内容不断地优化和及时更新，不同语言和文化背景的课程为 MOOC 课程提供了丰富的资源，通过互联网的终端服务，重组了基于线上的教学体系，形成虚拟网络中一对一的教学模式，有利于教师教学水平的提升与教学要素的联动，方便学习者根据自己的兴趣进行课程选择。因此，MOOC 给教师和学生带来的机遇，使学生学习突破时空界限，进一步激发高等教育潜能，促进高等教育模式的创新，推动高等教育国际化、大众化，打破学习者的年龄限制，促进教育模式改革。而教育模式的改革必然冲击传统模式，"名校课程"效应也使得 MOOC 中的其他资源备受"冷落"，并且刺激普通高校、传统高等教育模式的发展等。基于此，MOOC 在中国高等教育教学中的应用还需各大高校及高等教育教师的监督。

（二）面对 MOOC 的冲击，高校教师应该通过更新课程教学内容和设计，积极开展对传统教学模式的变革

随着时代发展，传统的高校教学模式如讲授教学法、共同解决问题型教学法及自主型教学法显露出一些弊端，而 MOOC 的普及发展改变了传统的教学方式。由于 MOOC 资源丰富，便于搜索、易于传播、应用范围广泛等特点，在信息化迅速发展的情景下，MOOC 已成为任何人都能够使用的教学或学习的媒介，为教学者和学习者提供了便利的平台。因此，教师需要相应地转变教学理念，优化教学过程，改革教学方法以及制定准确的教学目标，选择新颖的教学方式，同时转变自身定位，以适应 MOOC 带来的改变。另外，新型的 MOOC 是以引导和参与为本质特征的教学形式，高校教师存在机遇，也面临挑战，迫使教师更新教学理念，明确教学目标，参与课程制作，重构师生关系，倡导 MOOC 这一教学形式在高校教育中得到广泛应用和推广，并做出合理的应对策略。

新一轮教育课程改革不仅对教师提出了新要求，赋予教师新的历史重任，同时也为教师的发展提供了广阔的空间和舞台。教师是 MOOC 的参与者和领导者，也是 MOOC 的推动者和发展者，其教导过程中需要遵循教育、教学活动规律和大学生身心发展规律，树立现代高等教育观，激发学生的学习自主能动性，协助大学生进行积极的自我建构，着力培养学生的创新精神和创新能力。

（三）MOOC 作为网络时代的产物，对我国高校学生学习方式产生了巨大的影响，其学习方式呈多元化趋势

如今国内教育依然存在教育目标模糊、教育主体偏移、教育渠道封闭、教育法制缺位和教育评价单一等一系列问题。因此，面对 MOOC，高校应根据目前的实践教学状况，结合高校应用型人才培养目标，深化实践教学改革，构建科学合理的实践教学体系，最大限度地实现以学生的学习为中心，展示各种优质课程资源，给高校学生学习产生巨大影响。面对 MOOC 的冲击，高校学生应该厘清 MOOC 给高校学生带来的机遇和挑战，改变传统的学习方式，探寻新型的学习策略，提高学习质量和学习成绩。

中国高等教育教学理念的变革策略强调尊重学生、了解学生，融洽的师生气氛是建立良好师生关系的基石。MOOC 课程构建新型的突出以学生为主体的教育模式，其合理的课程结构，人性化的视频教学，独具匠心的评议方式及形式多样的社交活动在很大程度上能激发学生的学习兴趣。随着国内外大学开设 MOOC 热潮的到来，开设大学生信息素养系列 MOOC 的相关课程不仅能够培养大学生的各项相关素养及技能，提高对现代信息环境的理解能力、应变能力以及运用信息的自觉性、预见性和独立性，还能提高综合素质。MOOC 能够强化学习者的语言能力。语言教学 MOOC 与其他 MOOC 相比有其独特性，它为各层次语言教师探讨世界语言在混合式教学中的新趋势提供更深层次的理解，在社会联通互动的基础上分享信息，实现人与人之间的各种协作性活动。

（四）面对 MOOC 参与高校课程教学，我国高等院校教育管理者应该采取积极的应对措施

面对当下的社会环境，我国高等教育管理体制自身的行政化、脱节化等畸形发展问题经过多年的调整与改革，以及借鉴国外集权式教育管理体系的分权化及分权式教育管理体系的集权化的教育管理体制，得到明显的优化，结合本国国情形成了适用于我国目前教育管理层面的相应制度与策

略。另外，在相关政策的指导下，政府部门、高校、社会、教职工等应相互协调配合，坚持学生的主体地位，提高教学质量，尤其要抓好本科教学，并大力推进教学评估工作的进行，提高教学管理水平，在一定程度上缓解由于上述问题造成的教育资源分配不均、人才质量和水平下降等不良情况。

MOOC 作为一种新型教育学习模式在国内的推广及发展，得到众多学者及专家的支持。有学者明确指出 MOOC 从不同方面对传统高校教育管理体制和传统教育模式进行了根本性的改造，其产生的积极意义及本身具有的推广价值有利于推进各高校加入 MOOC 课程体系的进程，吸引不同层次的人群受众利用 MOOC 的网络课程联合上课，打造教学共同体，达到教育公平的最高目标。另外，高校采用 MOOC 教学，也有利于传统教育的结构性变革而提高教育生产力，实现网络教育的质变，使终身学习成为可能。简而言之，我国高等院校要通过建设特色高等教育管理体制，使我国的高等教育在与时俱进中保持先进性，并不断培养出符合社会需要的高素质人才，更好地为建设中国特色社会主义伟大事业服务。

二、展望

（一）高校传统教学还占主导地位，面对 MOOC 的冲击，如何变革传统教学模式，还有待于深入研究

综观历史，任何新生事物的兴起都需要经历一定的过程。MOOC 作为一种新型教学模式，为我国高校教育教学带来了新的活力，但要彻底改变我国高校传统教学模式，也需要经历一定的过程，还需要继续深入研究。

（二）面对 MOOC 的导入，高校教师课堂教学内容更新与设计还不够完善

我国高校教育传统教学内容还主要依托于纸质教材，对教学内容的更新还不能与时俱进。面对 MOOC 的导入，高校教师应积极应对，需要依据多途径获取教学相关资源，及时更新和丰富课堂教学内容，完善教学设计，努力提升教学效果和质量。

（三）高校学生获取知识的渠道多元化，如何正确引导学生自主学习的能动性需要进一步探讨

随着信息技术的快速发展，高校学生获取专业知识的渠道也呈现多元化趋势。如何让学生准确而系统地获取专业知识，如何有效地激发学生自主学习的主观能动性，有待进一步探索。

（四）面对 MOOC 的冲击，我国高校教育管理模式有待于进一步优化

面对高校传统教学模式的变革，高校教师教学内容与教学手段都在发生变化，作为高校教育管理部门也应随之变革，探索有利于新型教学范式应用的管理模式，这还需要长期的研究。

参考文献

[1] Alario – Hoyos C, Pérez – Sanagustín M, Delgado – Kloos C, et al. Analysing the Impact of Built – In and External Social Tools in a MOOC on Educational Technologies [J]. Lecture Notes in Computer Science, 2013 (9): 5 – 18.

[2] Belanger V, Thornton J. A Quantitative Approach Duke University's First MOOC [EB/OL]. http: //dukespace. libduke. edu/dspace/handle/1016 1/6216. 2013.

[3] Barros B, Felisaverdejo M. Analysing Student Interaction Processes in Order to Improve Collaboration [J]. Ijaied, 2000 (11): 28.

[4] Barber, Michael, Donnelly, Katelyn, Rizvi, Saad, et al. An Avalanche is Coming: Higher Education and the Revolution Ahead [D]. Institute for Public Policy Research, 2013.

[5] Balch S H. Looking Backward: Parting Reflections on Higher Education Reform from NAS's Founding President [J]. Academic Questions, 2012, 25 (4): 443 – 452.

[6] Balch S H. Twenty Years in the Vineyards of Higher Education Reform [J]. Academic Questions, 2007, 20 (4): 270 – 276.

[7] Benavides M, Arellano A, Vásquez J S Z, et al. Market – and Government – based Higher Education Reforms in Latin America: The Cases of Peru and Ecuador, 2008 – 2016 [J]. Higher Education, 2019, 77 (6): 1015 – 1030.

［8］ Cachay – Huamán L, Ramírez – Hernández D. Open, Interdisciplinary and Collaborative Educational Innovation to Train in Energy Sustainability Through MOOC: Perception of Competency Development ［J］. International Journal on Interactive Design and Manufacturing (IJIDeM), 2019, 13 (4): 1341 – 1352.

［9］ Champy J, Hammer M. Reengineering the Corporation ［M］. HarperBusiness, 1993.

［10］ Castañeda R R D, Garrison A, Haeberli P, et al. First 'Global Flipped Classroom in One Health': From MOOCs to Research on Real World Challenges ［J］. One Health, 2018 (5): 37 – 39.

［11］ Chan M M, Barchino R, Medina – Merodio J A, et al. MOOCs, an Innovative Alternative to Teach First Aid and Emergency Treatment: A Practical Study ［J］. Nurse Education Today, 2019 (79): 92 – 97.

［12］ Dakowska, Dorota. Between Competition Imperative and Europeanisation: The Case of Higher Education Reform in Poland ［J］. Higher Education, 2015, 69 (1): 129 – 141.

［13］ Daniel F. Europe Inches Forward on Higher Education Reform, Focus: Germany ［J］. Social Research An International Quarterly, 2012, 79 (3): 713 – 740.

［14］ Dennen V P, Bong J. Cross – cultural Dialogues in an Open Online Course: Navigating National and Organizational Cultural Differences ［J］. TechTrends, 2018, 62 (4): 383 – 392.

［15］ Deng R, Benckendorff P, Gannaway D. Progress and New Directions for Teaching and Learning in MOOCs ［J］. Computers & Education, 2019 (129): 48 – 60.

［16］ Dennison G M. Reform and Re – invention in Public Higher Education ［J］. Innovative Higher Education, 2010, 35 (2): 75 – 78.

［17］ Dobbins M, Khachatryan S. Europeanization in the "Wild East"? Analyzing Higher Education Governance Reform in Georgia and Armenia ［J］.

Higher Education, 2015, 69 (2): 189 - 207.

［18］Donina D, Meoli M, Paleari S . Higher Education Reform in Italy: Tightening Regulation Instead of Steering at a Distance ［J］ . Higher Education Policy, 2015, 28 (2): 215 - 234.

［19］Doyon P . A Review of Higher Education Reform in Modern Japan ［J］ . Higher Education, 2001, 41 (4): 443 - 470.

［20］Emilia C, Ionela Cecilia S, Cristina C I. Higher Education Reform in Romania. Present and Perspective ［J］ . Procedia - Social and Behavioral Sciences, 2012 (46): 1096 - 1100.

［21］Enders J, Boer H D, Weyer E . Regulatory Autonomy and Performance: The Reform of Higher Education Re - visited ［J］ . Higher Education, 2013, 65 (1): 5 - 23.

［22］Fred G. Martin. Will Massive Open Online Courses Change How We Teach ［J］ . Communications of The ACM, 2012, 55 (8): 26.

［23］Francesconi M, Slonimczyk F, Yurko A. Democratizing Access to Higher Education in Russia: The Consequences of the Unified State Exam Reform ［J］ . European Economic Review, 2019, 117 (4): 373 - 385.

［24］Fried B, Abuhadba M . Reforms in Higher Education: The Case of Chile in the 1980s ［J］ . Higher Education, 1991, 21 (2): 137 - 149.

［25］Grünewald F. , Meinel C. , Totschnig M. , et al. Designing MOOCs for the Support of Multiple Learning Styles ［J］ . Lecture Notes in Computer Science, 2013, (9): 371 - 382.

［26］Goggins S P, Galyen K D, Petakovic E, et al. Connecting Performance to Social Structure and Pedagogy as a Pathway to Scaling Learning Analytics in MOOCs: An Exploratory Study ［J］ . Journal of Computer Assisted Learning, 2016, 32 (3): 244 - 266.

［27］Guo S, Zhang G . Analyzing Concept Complexity, Knowledge Ageing and Diffusion Pattern of Mooc ［J］ . Scientometrics, 2017, 112 (1): 413 - 430.

〔28〕 Hall D, Thomas H . Higher Education Reform in a Transitional Economy: A Case Study From the School of Economic Studies in Mongolia 〔J〕 . Higher Education, 1999, 38 (4): 441 - 460.

〔29〕 Hartley M, Gopaul B, Sagintayeva A, et al. Learning Autonomy: Higher Education Reform in Kazakhstan 〔J〕 . Higher Education, 2016, 72 (3): 277 - 289.

〔30〕 Hur J Y, Bessey D . A Comparison of Higher Education Reform in South Korea and Germany 〔J〕 . Asia Pacific Education Review, 2013, 14 (2): 113 - 123.

〔31〕 Jinghuan S, Lyeong J, Maobo H, et al. The Dynamics and Macro Strategy of Structural Reform in Higher Education in China: Case Study of Two Critical Periods (1949 - 1960 and 1998 - 2009) 〔J〕 . Frontiers of Education in China, 2018, 13 (2): 245 - 266.

〔32〕 J D Bransford, BS Stein. The Ideal Problem Solver A Series of Books in Psychology 〔M〕 . W. H. Freemen and Company, 1984.

〔33〕 Jung Y, Lee J . Learning Engagement and Persistence in Massive Open Online Courses (MOOCS) 〔J〕 . Computers & Education, 2018 (122): 9 - 22.

〔34〕 Jiaxuanyue Li. Analysis of the Influence of Network Classroom on College Students by Fuzzy Evaluation Matrix Method 〔J〕 . International Journal of Social Science and Education Research, 2019, 2 (8): 12 - 18.

〔35〕 Kushimoto T . Outcomes Assessment and Its Role in Self - reviews of Undergraduate Education: In the Context of Japanese Higher Education Reforms since the 1990s 〔J〕 . Higher Education, 2010, 59 (5): 589 - 598.

〔36〕 Lao K . Legal Status Changes in Chinese Higher Education Institutions in the Education System Reform 〔J〕 . Frontiers of Education in China, 2009, 4 (3): 343 - 364.

〔37〕 Liu M, Zha S, He W . Digital Transformation Challenges: A Case Study Regarding the MOOC Development and Operations at Higher Education Institutions in China ［J］. TechTrends, 2019, 63 （5）: 621 – 630.

［38］ Lixu L. China's Higher Education Reform 1998 – 2003: A Summary ［J］. Asia Pacific Education Review, 2004, 5 （1）: 14 – 22.

［39］ Marteleto L, Marschner M, Carvalhaes F. Educational Stratification after a Decade of Reforms on Higher Education Access in Brazil ［J］. Research in Social Stratification and Mobility, 2016 （46）: 99 – 111.

［40］ Mackey T P, Jacobson T E. Reframing Information Literacy as a Metaliteracy ［J］. College & Research Libraries, 2011, 72 （1）: 62 – 78.

［41］ Martin A Trow. Problems in the Transition from Elite to Mass Higher Education ［M］. Paris: OECD, 1973.

［42］ Masters K. A Brief Guide To Understanding MOOCs ［J］. The Internet Journal of Medical Education, 2009, 1 （2）: 1 – 6.

［43］ Mok K H, Lee H H. Globalization or Re – colonization: Higher Education Reforms in Hong Kong ［J］. Higher Education Policy, 2000, 13 （4）: 361 – 377.

［44］ Multon S, Pesesse L, Weatherspoon A, et al. Un Massive Open Online Course （MOOC） sur des travaux pratiques en histologie: un objectif, un outil, un public varié ! Retour sur une première expérience ［J］. Annales de Pathologie, 2018, 38 （2）: 76 – 84.

［45］ Otsuka Y. Chinese Higher Education: A Decade of Reform and Development （1978 – 1988） ［J］. Higher Education Policy, 1993, 6 （4）: 58 – 59.

［46］ Papadimitriou A. Reforms, Leadership and Quality Management in Greek Higher Education ［J］. Tertiary Education and Management, 2011, 17 （4）: 355 – 372.

［47］ Pérez – Sanagustín M, Hilliger I, Alario – Hoyos C, et al. H – MOOC Framework: Reusing MOOCs for Hybrid Education ［J］. Journal of Computing in Higher Education, 2017, 29 （1）: 47 – 64.

［48］ Ramírez – Montoya M S, Mena J, Rodríguez – Arroyo J A. In – service Teachers' Self – perceptions of Digital Competence and OER Use as Deter-mined by a xMOOC Training Course [J]. Computers in Human Behavior, 2017 (77): 356 – 364.

[49] Razik T A, Nalbone P J. Implications of Technological Change for Higher Education Reform [J]. Educational Technology Research and Develop-ment, 1990, 38 (1): 65 – 76.

[50] Rodriguez O. MOOCs and the AI – Stanford Like Courses: Two Suc-cessful and Distinct Course Formats for Massive Open Online Courses [EB/OL]. http://www. eurodl. org /index. php? p = current&article = 516. 2012.

[51] Ry Rivard. Inside Higher Ed: Coursera's Contractual Elitism [EB/OL]. https://www. timeshighereducation. com/news/inside – higher – ed – courseras – contractual – elitism/2002775. article, 2013.

[52] Smith B, Eng M. MOOCs: A Learning Journey [M]. Hybrid Learning and Continuing Education, 2013.

[53] Siemens G. Connectivism: A Learning Theory for the Digital Age [J]. Elearn Space, 2004 (12): 1 – 59.

[54] Soller A, Martinez A, Jermann P, et al. From Mirroring to Guiding: A Review of State of the Art Technology for Supporting Collaborative Learning [J]. International Journal of Artificial Intelligence in Education, 2005.

[55] Soller A, Linton F, Goodman B, et al. Toward Intelligent Analysis and Support of Collaborative Learning Interaction [J]. Proceedings of Aied, 1999.

[56] Tafel – Viia K, Loogma K, Lassur S, et al. Networks as Agents of In-novation: Teacher Networking in the Context of Vocational and Professional High-er Education Reforms [J]. Vocations & Learning, 2012, 5 (2): 175 – 193.

[57] Thomas Owen E, Ioan M, Lazar V, et al. Higher Education Reform in Romania [J]. Higher Education, 1995, 30 (2): 135 – 152.

[58] Tomusk V. Enlightenment and Minority Cultures: Central and East

European Higher Education Reform Ten Years Later ［J］. Higher Education Policy, 2001, 14 （1）: 61 –73.

［59］ Vygotski L S. Mind in Society: The Development of Higher Psychological Processes ［M］. Harvard University Press, 1978.

［60］ Wiley, D. The MOOCs Misnomer ［DB/OL］. http: //opencontent. org/blog/archives/ 2436. 2012.

［61］ Weihrich H . The TOWS Matrix—A Tool for Situational Analysis ［J］. Long Range Planning, 1982, 15 （2）: 54 –66.

［62］ Wallas, Graham. The Art of Thought ［M］. Harcourt, Brace and Company, 1926.

［63］ Watson K . The Higher Education Dilemma in Developing Countries: Thailand's Two Decades of Reform ［J］. Higher Education, 1981, 10 （3）: 297 –314.

［64］ Wasser H . Commentary on Gunnar Bergendal's "U68—A Reform Proposal for Swedish Higher Education" ［J］. Higher Education, 1975, 4 （3）: 377 –378.

［65］ Wirzberger K H . The Third Reform of Higher education in the German Democratic Republic ［J］. Prospects, 1973, 3 （4）: 497 –503.

［66］ Wise A F, Cui Y, Jin W Q, et al. Mining for gold: Identifying Content – related MOOC Discussion Threads across Domains through Linguistic Modeling ［J］. The Internet and Higher Education, 2017 （32）: 11 –28.

［67］ Xiao C, Qiu H, Cheng S M . Challenges and Opportunities for Effective Assessments within a Quality Assurance Framework for MOOCs ［J］. Journal of Hospitality, Leisure, Sport and Tourism Education, 2019 （24）: 1 –16.

［68］ Yaisawarng S, Ng Y C . The Impact of Higher Education Reform on Research Performance of Chinese Universities ［J］. China Economic Review, 2014 （31）: 94 –105.

［69］ Yiping H . Higher Education in China: Problems and Current Reform

〔J〕. Higher Education Policy, 1993, 6（4）: 20 – 24.

〔70〕Zhou D. Informatization Reform of Higher Education and Design of Curriculum Center Platform〔J〕. Journal of Convergence Information Technology, 2013, 8（7）: 665 – 673.

〔71〕Zhu M, Sari A, Lee M M. A Systematic Review of Research Methods and Topics of the Empirical MOOC Literature（2014 – 2016）〔J〕. The Internet and Higher Education, 2018（37）: 31 – 39.

〔72〕Zimmerman B J. Becoming a Self – regulated Learner〔J〕. Contemporary Educational Psychology, 1986, 1（14）: 307 – 313.

〔73〕阿兰·柯林斯, 理查德·哈尔弗森. 技术时代重新思考教育〔M〕. 陈家刚, 程佳铭, 译. 上海: 华东师范大学出版社. 2013.

〔74〕波利亚（G. Polya）. 怎样解题〔M〕. 阎育苏, 译. 北京: 科学出版社. 1982.

〔75〕陈茂庆, 李宏鸿, 高惠蓉. 名著阅读与同伴互评〔J〕. 外语教学理论与实践, 2013（1）: 71 – 78.

〔76〕白宇飞. MOOC: 宏观研究与微观探索〔M〕. 北京: 对外经济贸易大学出版社, 2015.

〔77〕蔡基刚. 中国大学英语教学路在何方〔M〕. 上海: 上海交通大学出版社, 2012.

〔78〕陈冰冰. MOOCs 课程模式: 贡献和困境〔J〕. 外语电化教学, 2014（3）: 38 – 43.

〔79〕陈坚林, 张笛. 外语信息资源的整合与优化建设——一项基于部分高校信息资源建设的调查研究〔J〕. 外语学刊, 2014（5）: 95 – 100.

〔80〕陈玉琨. 慕课与翻转课堂导论〔M〕. 上海: 华东师范大学出版社, 2014.

〔81〕陈玉琨, 田爱丽. 基础教育慕课与翻转课堂问答录〔M〕. 上海: 华东师范大学出版社, 2016.

［82］陈文耕．慕课背景下的对外汉语教学模式构建［D］．辽宁师范大学硕士学位论文，2015．

［83］程云艳．直面挑战"翻转"自我——新教育范式下大学外语教师的机遇与挑战［J］．外语电化教学，2014（3）：44－47．

［84］邓晖．在线大学：洪水猛兽还是"济世仙丹"［N］．光明日报，2013－06－05（005）．

［85］达尼洛夫（М. А. Данилов），叶希波夫（Б. П. Есипов）．教学论［M］．刘彦，谢雪航，汪彭庚，等译．北京：人民教育出版社．1961．

［86］杜文超，何秋琳，江丽君．开启世界课程资源共享的先河——MIT OCW 项目评析［J］．现代教育技术，2011（4）：14－18．

［87］董晶．慕课（MOOC）的发展现状及对高等教育的影响［D］．山东师范大学硕士学位论文，2015．

［88］冯锐，金婧．学习共同体的思想形成与发展［J］．电化教育研究，2007（3）：72－75．

［89］樊文强．基于关联主义的大规模网络开放课程（MOOC）及其学习支持［J］．远程教育杂志，2012（3）：31－36．

［90］方旭．生态学视角下的 MOOC 发展研究［M］．北京：科学出版社，2016．

［91］方仁富．可用于高校素质教育的视频公开课汇聚平台研究［D］．宁波大学硕士学位论文，2014．

［92］方长源．我国高校精品视频公开课现状与对策研究［D］．山东师范大学硕士学位论文，2014．

［93］顾小清，胡艺龄，蔡慧英．MOOCs 的本土化诉求及其应对［J］．远程教育杂志，2013（5）：3－11．

［94］G. 西蒙斯．网络时代的知识和学习——走向连通［M］．詹青龙，译．上海：华东师范大学出版社．2009．

［95］高地．"慕课"：核心理念、实践反思与文化安全［J］．东北师大学报（哲学社会科学版），2014（5）：178－186．

［96］高再秋，王珍，李梁．慕课视域下高校思想政治理论课课堂转型之思［J］．学校党建与思想教育，2014（13）：42－44.

［97］顾容，沈洋洋，陈丹．面向翻转课堂的学习支持服务研究［J］．现代教育技术，2014（5）：72－77.

［98］郭文革．教育的"技术"发展史［J］．北京大学教育评论，2011（3）：137－157.

［99］郭文革．中国网络教育政策变迁：从现代远程教育试点到MOOC［M］．北京：北京大学出版社，2014.

［100］郭绍青，张乐，陈莹．网络环境支持的参与式教师培训策略研究［J］．中国电化教育，2011（12）：28－33.

［101］郭蓉．虚拟与现实联通的教育路径：掌上学习APP研究［D］．曲阜师范大学硕士学位论文，2015.

［102］郭鑫．数字动画技术在课件制作中的应用研究［D］．陕西科技大学硕士学位论文，2015.

［103］郭炯，霍秀爽．学生学习过程质性评价工具的开发与应用研究［J］．电化教育研究，2012（7）：79－84.

［104］寇晓燕．《中学科学教学设计》的慕课课件设计研究［D］．上海师范大学硕士学位论文，2015.

［105］韩铁刚．积极语用的大学语文教学改革新探［D］．湖北工业大学硕士学位论文，2015.

［106］韩锡斌，周潜，程建钢．基于知识分享理论的开放教育资源共建共享可持续发展机制的研究［J］．清华大学教育研究，2012（3）：28－37.

［107］韩园园．美国大规模开放在线课程发展现状与问题研究［D］．浙江师范大学硕士学位论文，2015.

［108］贺斌．慕课：本质、现状及其展望［J］．江苏教育研究，2014（1）：3－7.

［109］何芬．基于微课的高中地理差异教学实践研究［D］．南京师范大学硕士学位论文，2015.

［110］何克抗．现代教育技术和优质网络课程的设计与开发［J］．中国电化教育，2004（6）：5－11.

［111］何宇君．个性化大学外语网络教学平台构建探究：基于商业外语网络平台视角［D］．广西师范大学硕士学位论文，2014.

［112］胡新星．我国"慕课"发展研究［D］．吉林大学硕士学位论文，2015.

［113］胡艺龄，陈婧雅，顾小清，等．MOOCs在教育均衡中的挑战及应对策略［J］．中国电化教育，2014（7）：40－45.

［114］胡乐乐．开放资源：一场宁静的高教革命［J］．中国远程教育，2012（14）：2.

［115］黄明，梁旭．大型开放式网络课程MOOC概论［M］．北京：电子工业出版社，2015.

［116］黄喆．英国推出大规模在线课程平台以应对美国的竞争［J］．比较教育研究，2013（2）：108.

［117］黄沛．高中历史教学资源库建设研究——以《物质生活与习俗的变迁》为例［D］．南京师范大学硕士学位论文，2015.

［118］黄庆桥．理性看待"慕课"的时代意义与局限［J］．科技导报，2014（11）：88.

［119］嘉德·泰斯托泰．国际视野下的大规模开放与在线课程（MOOC）：全球高等教育改革新日程［M］．杨志坚，杨永博，等译．北京：中央广播电视大学出版社，2014.

［120］焦建利．MOOC全球大行动［J］．中国教育网络，2013（9）：32.

［121］焦建利．MOOC：大学的机遇与挑战［J］．中国教育网络，2013（4）：21－23.

［122］焦建利．说说慕课的来龙去脉［EB/OL］．http：//jiao. blogbus. com/logs/220800776. html. 2012.

［123］焦建利．慕课：互联网＋教育时代的学习革命［M］．北京：

机械工业出版社，2015.

［124］姜明文，李兴洲．"慕课热"之思考［J］．河北师范大学学报（教育科学版），2014（2）：110－115.

［125］乔纳森·伯格曼．亚伦·萨姆．翻转课堂与慕课教学：一场正在到来的教育变革［M］．北京：中国青年出版社，2015.

［126］乔纳森，萨姆斯．常青藤教育书系：翻转学习：如何更好地实践翻转课堂与慕课教学［M］．宋伟，译．北京：中国青年出版社，2015.

［127］赖红英，万力．广东实施高校学分制改革［J］．中小学电教，2014（10）：70.

［128］老松杨，江小平，老明瑞．后 IT 时代 MOOC 对高等教育的影响［J］．高等教育研究学报，2013，36（3）：6－8.

［129］李志民.MOOCs 的挑战与大学的未来［J］．中国教育信息化：高教职教，2014（1）：19－20.

［130］李纪元.MOOC 背后的理念［J］．中国教育网络，2013（4）：39－41.

［131］刘道玉．大学教育国际化的选择与对策［J］．高等教育研究，2007（4）：6－10.

［132］李晓明.MOOC 理念打开了一扇创新的大窗户［J］．中国教育网络，2013（4）：24.

［133］郎格朗．终身教育引论［M］．周南照，陈树清，译．北京：中国对外翻译出版公司.1985.

［134］李莲，高园园，韩锡斌，等．开放教育资源潮涌全球［J］．中国教育网络，2009（5）：57－58.

［135］李斌．高清视频流采集录播系统的研究与实现［D］．北京工业大学硕士学位论文，2015.

［136］李本友，李红恩，余宏亮．学生学习方式转变的影响因素、途径与发展趋势［J］．教育研究，2012（2）：122－128.

［137］李春，金毅．"网络时代"高校教师权威的解构与重构［J］．

当代教育科学，2012（3）：28－30.

[138] 李斐，黄明东．"慕课"带给高校的机遇与挑战［J］．中国高等教育，2014（7）：22－26.

[139] 李静，王美，任友群．解放知识，给力心智——访美国麻省理工学院开放课件对外关系部主任史蒂芬·卡尔森［J］．开放教育研究，2011，17（4）：4－11.

[140] 李婧怡．"慕课"对我国高等教育的影响与对策研究［D］．山东财经大学硕士学位论文，2015.

[141] 李梁．"慕课"与思想政治理论课教学模式创新［J］．思想理论教育，2014（1）：65－69.

[142] 李曼丽．解码 MOOC：大规模在线开放课程的教育学考察［M］．北京：清华大学出版社，2013.

[143] 李明华．MOOCs 革命：独立课程市场形成和高等教育世界市场新格局［J］．开放教育研究，2013（3）：11－29.

[144] 李青，王涛．MOOC：一种基于连通主义的巨型开放课程模式［J］．中国远程教育，2012（3）：30－36.

[145] 李爽，张艳霞，陈丽，等．网络教育时代开放大学课程辅导教师角色定位与职能转变实证研究［J］．中国电化教育，2014（9）：50－58.

[146] 李晓东．"慕课"对高等教师教学能力的挑战与对策［J］．南京理工大学学报（社会科学版），2014，27（2）：89－92.

[147] 李晓明．慕课［M］．北京：高等教育出版社，2015.

[148] 李岩．网络化时代教育模式的新进展——社会学视角下慕课与传统教育的比较研究［D］．吉林大学硕士学位论文，2015.

[149] 李祎迪．大学生就业能力与社会需求匹配状况研究——以北京中医药大学为例［D］．北京中医药大学硕士学位论文，2015.

[150] 李志民．"慕课"的兴起应引起中国大学的觉醒［J］．中国高等教育，2014（7）：30－33.

[151] 柳喆．慕课平台的设计与实现［D］．哈尔滨工业大学硕士学

位论文，2014.

［152］刘洁茹．自制微课程的技术选择与实践研究［D］．聊城大学硕士学位论文，2015.

［153］刘美娟．云课堂环境下APT教学模型对大学生自主学习能力的影响研究——以《教育技术学研究方法》课程为例［D］．华中师范大学硕士学位论文，2015.

［154］刘铁芳．试论对话性道德教育模式的建构［J］．高等师范教育研究，2003（5）：25－30.

［155］龙宝新．价值商谈与学校道德生活的建构［J］．华东师范大学学报（教育科学版），2005，（3）：17－23.

［156］卢强．翻转课堂的冷思考：实证与反思［J］．电化教育研究，2013（8）：91－97.

［157］罗国英．对小学语文教育中技术主义的反思［J］．湖南教育（中），2010（11）：38－39.

［158］马妮．慕课和翻转课堂教学模式在高中生物教学中的尝试［D］．辽宁师范大学硕士学位论文，2015.

［159］M N·马赫穆托夫．教学的问题性原则［J］．张定璋，译．教育研究，1985（10）：56－60.

［160］马武林，胡加圣．国际MOOCs对我国大学英语课程的冲击与重构［J］．外语电化教学，2014（3）：48－54.

［161］满盈盈．网络教学平台答疑系统在教学中的应用研究——以《计算机辅助教育》课程教学为例［D］．广西师范大学硕士学位论文，2015.

［162］梅德明．大数据时代语言生态研究［J］．外语电化教学，2014（1）：3－10.

［163］南国农．我国教育信息化发展的新阶段、新使命［J］．电化教育研究，2011（12）：10－12.

［164］皮亚杰（Jean Piaget）．发生认识论原理［M］．王宪钿等，译．

北京：商务印书馆．1981.

［165］潘璋荣．慕课与翻转课堂琐谈［J］．新课程研究（上旬刊），2014（9）：38－39.

［166］桑新民，谢阳斌，杨满福．"慕课"潮流对大学影响的深层解读与未来展望［J］．中国高等教育，2014（Z1）：12－15.

［167］束定芳．高等教育国际化与大学英语教学的目标与定位［R］．上海：大学英语教学理论与实践研讨会，2010.

［168］桑新民，李曙华，谢阳斌．"乔布斯之问"的文化战略解读——在线课程新潮流的深层思考［J］．开放教育研究，2013（3）：30－41.

［169］沈汪兵，罗劲，刘昌，等．顿悟脑的10年：人类顿悟脑机制研究进展［J］．科学通报，2012（21）：1948－1963.

［170］史秋衡，郭建鹏．我国大学生学情状态与影响机制的实证分析［J］．教育研究，2012（2）：109－121.

［171］宋文．MOOC在我国高校本土化建设初探［D］．中央民族大学硕士学位论文，2015.

［172］孙爱萍．对我国远程教育课程资源建设的若干思考——来自麻省理工学院开放课件项目的启示［J］．浙江教育学院学报，2007（5）：35－39.

［173］孙文文．课例教学片创作研究：以《游戏进课堂》为例［D］．山东师范大学硕士学位论文，2015.

［174］孙祥倩．汉语教学慕课探索［D］．中央民族大学硕士学位论文，2015.

［175］汤敏．慕课革命：互联网如何变革教育［M］．北京：中信出版社，2015.

［176］田爱丽．基础教育慕课与翻转课堂教学理论和实践［M］．上海：华东师范大学出版社，2016.

［177］王长江，胡卫平，李卫东．"翻转的"课堂：技术促进的教学［J］．电化教育研究，2013（8）：73－78.

［178］王长江，李卫东．"颠倒的教室"：美国教育新景象［J］．上海教育科研，2012（8）：54–59．

［179］王锋．教育生态视域下江苏高教发展研究［D］．南京林业大学博士学位论文，2014．

［180］王富林．中美两门普通化学网络开放课程的比较研究——以中国大学资源共享课和慕课平台 Coursera 为例［D］．吉林大学硕士学位论文，2014．

［181］王红，赵蔚，孙立会，等．翻转课堂教学模型的设计——基于国内外典型案例分析［J］．现代教育技术，2013（8）：5–10．

［182］王萍．大规模在线开放课程的新发展与应用：从 cMOOC 到 xMOOC［J］．现代远程教育研究，2013（3）：13–19．

［183］王秋月．"慕课""微课"与"翻转课堂"的实质及其应用［J］．上海教育科研，2014（8）：15–18．

［184］王圣祥，张玲．慕课对大学数学课程教学的挑战［J］．滁州学院学报，2014，16（2）：123–125．

［185］王庭槐．MOOC–席卷全球教育的大规模开放在线课程［M］．北京：人民卫生出版社，2014．

［186］王文礼．MOOC 的发展及其对高等教育的影响［J］．江苏高教，2013（2）：53–57．

［187］王欣．MOOC 视域中的大学外语教学模式的路径选择［J］．黑龙江高教研究，2014（8）：157–159．

［188］王佑镁，祝智庭．从联结主义到联通主义：学习理论的新取向［J］．中国电化教育，2006（3）：5–9．

［189］汪瑞林．MOOCs 辨析与在线教育发展［N］．中国教育报，2014–01–04（003）．

［190］汪琼．MOOCs 与现行高校教学融合模式举例［J］．中国教育信息化，2013（11）：14–15．

［191］魏蓉．大规模开放在线课程的设计与实践［D］．宁夏大学硕

士学位论文．2015.

［192］吴剑平．大学的革命：MOOC 时代的高等教育［M］．北京：清华大学出版社，2014.

［193］吴维仲，等．"慕课"浪潮引发的高校教学改革思考［J］．东北师范大学学报（哲学社会科学版），2015（2）：190 – 194.

［194］夏玲玉，刘爽，陈俊翰．美国开放课程发展现状及启示［J］．中小学电教，2013（4）：18 – 21.

［195］肖薇薇．对"慕课"的几点思考［J］．教育探索，2014（8）：19 – 21.

［196］解春柳．面向过程管理的创新项目开放式在线教育平台设计及应用［D］．山东大学硕士学位论文，2014.

［197］徐倩．慕课：一场正在到来的教育变革——专访华东师大国际慕课研究中心主任陈玉琨［J］．上海教育，2013（10）：24 – 25.

［198］徐婷婷．云计算下翻转课堂在地理教学中的应用研究——以武汉市十六中学为例［D］．华中师范大学硕士学位论文．2015.

［199］徐伟强．基于慕课的大学生网络学习共同体研究［D］．江西师范大学硕士学位论文，2015.

［200］许小桐．基于慕课视角的我国大学教学改革研究［D］．大连大学硕士学位论文，2015.

［201］颜孟宁．基于 MOOC 课程的交互式教学平台的设计［D］．华南理工大学硕士学位论文，2015.

［202］闫艳．现代西方交往理论及其借鉴意义［J］．中共天津市委党校报，2011（3）：85 – 89.

［203］杨丽．交互式微课资源的设计研究——以虚拟现实技术为例［D］．广西师范大学硕士学位论文，2015.

［204］杨玉芹．MOOC 自主个性化学习环境设计的策略研究［J］．现代教育技术，2014（7）：12 – 17.

［205］杨竹筠，郑奇．MOOC 等在线教育模式初探［J］．科技与出

版，2014（2）：9－12.

［206］叶丙成.MOOC 概率考题书［M］.北京：清华大学出版社，2015.

［207］余方.中国高校网络教育研究：MOOC 在我国高等教育中的应用［D］.华南理工大学硕士学位论文，2014.

［208］于天贞.国内基础教育翻转课堂实践现状调查研究——以 C2O 慕课联盟为例［D］.华东师范大学硕士学位论文，2015.

［209］袁莉，斯蒂芬·鲍威尔，马红亮.MOOC 与高等教育的变革［J］.中国教育信息化，2014（5）：3－5.

［210］袁莉，斯蒂芬·鲍威尔，马红亮.大规模开放在线课程的国际现状分析［J］.开放教育研究，2013，19（3）：56－62.

［211］约翰·杜威.我们如何思维［M］.伍中友，译.北京：新华出版社.2010.

［212］杨卫国.现代世界教学理论选粹［M］.上海：上海教育出版社.2013.

［213］曾棕根.慕课（MOOCs）开源平台建设与应用［M］.北京：人民邮电出版社，2014.

［214］张传思.大规模在线开放课程交互设计研究［D］.西南大学硕士学位论文，2015.

［215］张果.河南高等教育现代化的问题与对策研究——系统哲学的视角［D］.中原工学院硕士学位论文，2014.

［216］张绘.我国义务教育校际资源分配不公平现象的现状、原因及对策［J］.教育发展研究，2007（17）：15－18.

［217］张麒，刘俊杰，任友群.哈佛"慕课"深度谈——访哈佛大学副教务长包弼德教授［J］.开放教育研究，2014，20（5）：4－10.

［218］张婧婧，郑勤华，陈丽，等.开放教育资源共享行为及其影响因素的实证研究——以"学习元"为例［J］.中国电化教育，2014（8）：73－81.

［219］张金磊，王颖，张宝辉．翻转课堂教学模式研究［J］．远程教育杂志，2012（4）：46-51.

［220］张金磊．"翻转课堂"教学模式的关键因素探析［J］．中国远程教育，2013（10）：59-64.

［221］张敬如．高校思想政治理论课微课教学应用的理论研究——以《中国近现代史纲要》为例［D］．上海大学硕士学位论文，2015.

［222］张庆林，邱江．顿悟与源事件中启发信息的激活［J］．心理科学，2005（1）：6-9.

［223］张生，王丽丽，苏梅等．微课程设计要素探讨［J］．中国电化教育，2014（9）：72-77.

［224］张翔．基于 MOOC 思维的网络课程学习系统的研究与分析［D］．云南大学硕士学位论文，2015.

［225］邹景平．MOOC 带来高等教育的春天［J］．中国远程教育，2012（20）：85-86.

［226］张满才，丁新．在线教育：从机遇增长，到融入主流、稳步发展——美国在线高等教育系列调查评估对我国网络教育发展的启示［J］．开放教育研究，2006（2）：10-17.

［227］赵刚．浅析初中英语语法教学中的资源整合［J］．校园英语，2012（3）：194.

［228］张秀梅．关联主义理论述评［J］．开放教育研究，2012，18（3）：44-49.

［229］赵同森．解读人本主义教育思想［M］．广州：广东教育出版社．2006.

［230］赵仁伟，杨维汉．北大校长周其凤的"中国梦"：让全国人民"共享北大"［EB/OL］．www.xinhuanet.com/2013lh/2013-03/05/c_124419941.htm，2013-03-05.

［231］赵婀娜．在线教育热的"冷"思考［N］．人民日报，2015-08-06（018）.

［232］张艳．从CNKI看CALL在中国的发展和应用［D］．电子科技大学硕士学位论文，2015.

［233］张玉双．我国高校图书馆知识管理研究的文献统计分析［J］．晋图学刊，2008（5）：45 - 48.

［234］张振虹，刘文，韩智．从OCW课堂到MOOC学堂：学习本源的回归［J］．现代远程教育研究，2013（3）：20 - 27.

［235］赵迪．翻转课堂重心——实现中学生物课堂和远程教育及慕课的整合［D］．哈尔滨师范大学硕士学位论文，2015.

［236］赵国栋，姜中皎．高校"开放教育资源"建设模式与发展趋势［J］．北京大学教育评论，2009（3）：123 - 134.

［237］赵国栋，黄永中，张捷．西方大学"开放教育资源运动"研究［J］．比较教育研究，2007（9）：35 - 40.

［238］赵国栋．微课与慕课设计初级教程［M］．北京：北京大学出版社，2014.

［239］赵菁．在线课程对高校课程与教学的影响与挑战［D］．沈阳师范大学硕士学位论文，2015.

［240］赵茜，王佳．论教师教学方式的转变［J］．教育科学研究，2012（2）：24 - 27.

［241］赵姝，赵国庆，吴亚滨等．思维训练：技术有效促进学习的催化剂［J］．现代远程教育研究，2012（4）：28 - 34.

［242］甄暾．信息化教育中的宏观技术和微观技术［J］．电化教育研究，2008（12）：13 - 15.

［243］郑君．微课程视听艺术表现研究［D］．聊城大学硕士学位论文，2015.

［244］钟晓流，宋述强，焦丽珍．信息化环境中基于翻转课堂理念的教学设计研究［J］．开放教育研究，2013，19（1）：58 - 64.

［245］周丹妮．教师在一对一数字化学习环境中的教学能力发展的案例研究［D］．上海师范大学硕士学位论文，2015.

［246］周丽珍．慕课潮流下中学教师角色定位及转换研究［D］．西北大学硕士学位论文，2015.

［247］朱宏洁，朱赟．翻转课堂及其有效实施策略刍议［J］．电化教育研究，2013（8）：79－83.

［248］朱曦．基于网络平台下普通高校体育与健康理论视频课程构建研究［D］．西南交通大学硕士学位论文，2015.

［249］祝智庭，沈德梅．基于大数据的教育技术研究新范式［J］．电化教育研究，2013，34（10）：5－13.

［250］褚宏启．论教育发展方式的转变［J］．教育研究，2011（10）：3－10.

［251］邹景平．翻转课堂的起源与成功［J］．中国远程教育，2012（14）：81－82.

Guangdong-Hong Kong-Macao
Greater Bay Area

粤港澳大湾区价值发掘与IP打造

陈琼◎著

经济管理出版社
ECONOMY & MANAGEMENT PUBLISHING HOUSE

图书在版编目（CIP）数据

粤港澳大湾区IP：粤港澳大湾区价值发掘与IP打造/陈琼著．—北京：经济管理出版社，2019.12

ISBN 978-7-5096-6964-8

Ⅰ．①粤…　Ⅱ．①陈…　Ⅲ．①城市群—区域经济发展—研究—广东、香港、澳门　Ⅳ．①F299.276.5

中国版本图书馆CIP数据核字（2019）第294965号

组稿编辑：张莉琼
责任编辑：张　艳　张莉琼
责任印制：高　娅
责任校对：陈　颖

出版发行：经济管理出版社
　　　　　（北京市海淀区北蜂窝8号中雅大厦A座11层　100038）
网　　址：www.E-mp.com.cn
电　　话：（010）51915602
印　　刷：北京晨旭印刷厂
经　　销：新华书店
开　　本：720mm×1000mm/16
印　　张：13.25
字　　数：190千字
版　　次：2020年1月第1版　　2020年1月第1次印刷
书　　号：ISBN 978-7-5096-6964-8
定　　价：58.00元